Autorité, Subordination

et Moyens de Discipline

PARIS — IMPRIMERIE R. CHAPELOT ET C^o, 2, RUE CHRISTINE.

Colonel GORY

AUTORITÉ, SUBORDINATION

ET

MOYENS DE DISCIPLINE

PARIS

LIBRAIRIE MILITAIRE R. CHAPELOT ET Cⁱᵉ

IMPRIMEURS-ÉDITEURS

30, Rue et Passage Dauphine, 30

1911

AVANT-PROPOS

Relativement facile avant 1870, l'exercice du commandement est devenu difficile depuis cette époque. Et les difficultés qu'il présente n'ont pas encore cessé de s'accroître.

Ce fait provient de causes diverses.

L'adoption du service obligatoire en est une, car elle a eu pour conséquence d'introduire dans l'armée les représentants des classes aisées qui, en presque totalité, se faisaient remplacer ou exonérer autrefois. Par leurs prétentions, leur esprit frondeur, leur incurable et étroit égoïsme, leur appétit immodéré de bien-être, leur inaptitude à supporter privations et fatigues, leur promptitude à mettre en jeu les influences politiques pour obtenir des faveurs ou satisfaire leurs rancunes, beaucoup de ces jeunes gens sont des ferments actifs d'indiscipline et de démoralisation.

La complication progressive de notre organisation militaire en est une autre. Inévitable, mais inextricable, ajoutant ou modifiant perpétuellement, elle ne peut que rendre confuse jusqu'à l'obscurité la notion des obligations multiples incombant à chacun. Il en résulte une incertitude universelle qui se traduit par des ordres ni clairs ni fermes, auxquels on n'obéit avec lenteur qu'après avoir d'abord hésité.

Mais la cause principale, prépondérante, de cette répugnance à la soumission, constatée aujourd'hui partout, c'est le trouble jeté dans les esprits par des doctrines politiques ou économiques à tendances subversives, lesquelles, grâce aux journaux chargés de les vulgariser, se propagent maintenant dans tous les milieux.

Les théories socialistes notamment, poussées comme elles le sont jusqu'à la négation de l'idée de patrie, ruinent chez ceux qui ont intérêt à s'y rallier toutes les considérations par lesquelles sont légitimées les institutions existantes et les autorités établies. Leurs adeptes ne se soumettent par force à ces dernières qu'en attendant qu'ils puissent les renverser.

Une situation aussi inquiétante fait de l'étude des moyens de discipline susceptibles de l'améliorer une incontestable nécessité. Elle ne rend pas moins indispensable la réfutation préalable des erreurs courantes en matière d'autorité et de subordination.

CHAPITRE PREMIER

L'Autorité.

I. — Ses sources.

Commander, c'est faire acte d'autorité.

La possession indiscutée de l'autorité est donc nécessaire pour commander avec probabilité d'être obéi.

L'autorité, c'est-à-dire le pouvoir de se faire obéir, a pour source un consentement, une délégation ou une usurpation. Souvent elle est acceptée par tradition; elle peut aussi s'imposer par la force ou par la persuasion, ou par la force et la persuasion réunies.

L'autorité est consentie quand une collectivité, reconnaissant qu'elle y a intérêt, se résout à obéir au chef temporaire ou permanent qu'elle institue par ce consentement.

Tel est le caractère de l'autorité reconnue au chef d'État élu par un plébiscite, car, en droit naturel, l'autorité est la prérogative de l'universalité des citoyens et ne peut être exercée au nom de tous que par le chef que tous ont choisi.

A défaut de ce consentement formel et unanime, impossible à obtenir dès que les citoyens sont un peu nombreux, il a été convenu que la majorité des suffrages suffit pour constituer en autorité le candidat qui la réunit.

Dans les pays dont le gouvernement est une monarchie

héréditaire, le suffrage unanime de la nation est toujours présumé acquis sans qu'il soit jamais besoin de l'exprimer.

Dans d'autres, où le chef de l'État est élu pour exercer le pouvoir durant une période déterminée, les politiciens qui, en tous les temps, se sont attribué la mission de mener les peuples dont ils proclament la souveraineté, ont réussi à dissuader les citoyens de recourir au plébiscite et sont parvenus à leur faire admettre que, dans une démocratie, pour limiter la puissance du chef il vaut mieux qu'il soit élu par un petit nombre de représentants du peuple que par le peuple lui-même.

Faute donc pour les millions de citoyens des grandes nations modernes, répartis sur toute la surface d'un vaste territoire, de vouloir et de pouvoir exercer réellement leur part de souveraineté, il a été institué partout, sous des noms divers, des corps de mandataires chargés de prévoir et de prescrire en leur nom.

C'est ainsi que, dans chaque État, un de ces mandataires, monarque ou président de république, est considéré comme étant le metteur en œuvre et le détenteur principal de l'autorité, qui, théoriquement, appartient à tous.

De cette autorité, qualifiée suprême ou souveraine, il conserve une part pour l'exercer personnellement dans la limite des attributions qui lui sont reconnues en vertu d'une constitution écrite ou de coutumes traditionnelles. Il délègue l'autre part, celle qu'il lui est impossible d'exercer lui-même, aux chefs militaires, aux magistrats et aux fonctionnaires civils dont il a besoin pour imposer, sur tous les points du territoire, à tous les citoyens, l'exécution d'ordres donnés en leur nom conformément à la fiction admise que tous commandent à chacun.

L'autorité déléguée est donc celle attribuée par le dépositaire d'une autorité supérieure aux agents dont il se sert pour assurer, dans le rayon de son action, l'exercice effectif de cette autorité supérieure.

Un tel partage de l'autorité ne peut être évité; il est rendu indispensable par l'impossibilité où se trouve le chef supérieur de commander en même temps dans des lieux différents, par la dispersion de ses subordonnés en divers points d'une circonscription plus ou moins étendue, par la division du travail, la nécessité de spécialiser les fonctions, etc., etc.

Les officiers des armées de terre et de mer, les fonctionnaires civils de tout ordre et de tout rang sont, chacun en ce qui concerne sa mission particulière, des délégataires d'une part plus ou moins grande de l'autorité gouvernementale.

Ce n'est que par exception que l'autorité des officiers de l'armée a été consentie. Le fait s'est produit à des époques d'anomalie où des gouvernants improvisés, forcés de flatter, quand ils ne les partageaient pas eux-mêmes, les passions, les erreurs et les préjugés de la multitude, ne purent se dispenser d'admettre que les officiers fussent élus par les soldats qu'ils auraient à commander.

Seulement, comme ce mode de désignation des chefs a infailliblement pour effet d'amener à la tête des troupes, non les plus dignes et les plus capables, mais bien les plus intrigants ou ceux qui exigent le moins, il ne s'est encore perpétué nulle part et n'a jamais été qu'un expédient déplorable et passager.

Le chef de l'État, en conférant un grade à un chef militaire, lui confère en même temps la part d'autorité publique inhérente à ce grade, afin que, dans l'exercice de son commandement et de ses attributions, il en fasse l'usage le plus profitable à l'intérêt général.

Aussi, dans l'armée française, pour que nul n'en ignore, la première fois qu'un officier paraît devant la troupe au commandement de laquelle il vient d'être nommé, il est reçu devant cette troupe par un supérieur qui prononce à haute voix la formule suivante :

« De par le Président de la République, vous reconnaîtrez pour (le grade) M. (le nom), ici présent, et vous lui obéirez en tout ce qu'il vous commandera pour le bien du service, l'exécution des règlements militaires et l'observation des lois. »

Constitué en autorité sur sa troupe par cette investiture solennelle où le droit de commander lui est publiquement reconnu, l'officier en tire son pouvoir de prescrire et même de contraindre, s'il en est besoin. Mais cette cérémonie ne lui donne pas, en même temps que l'autorité du grade, cette autorité plus haute et plus efficace que l'on appelle l'autorité personnelle, c'est-à-dire celle qui s'impose par elle-même, sans recours aux moyens de contrainte, à tous ceux qui, ayant la notion de ce que doit être le commandement, jugent moins pénible d'avoir à obéir quand le chef leur paraît digne de les commander.

L'autorité est usurpée lorsqu'elle n'est fondée ni sur le consentement de ceux qui la subissent, ni sur une délégation immédiate ou médiate du chef de l'État.

En temps ordinaire, il y a rarement usurpation violente de l'autorité par des gens qui se sentent momentanément les plus forts ou se savent les plus audacieux. Ce mode d'usurpation est celui des périodes de trouble et d'anarchie.

Il se produit pourtant, durant les périodes d'ordre et de fonctionnement régulier des institutions, des faits d'usurpation extrêmement nombreux, mais dont la plupart passent inaperçus.

De ces usurpations, il en est qui sont voulues et préméditées. Elles ont pour causes l'ambition, l'intérêt personnel, l'amour du pouvoir; elles sont qualifiées empiétements ou abus d'autorité.

D'autres sont imposées par des nécessités urgentes et imprévues qui obligent certains détenteurs de l'autorité à outrepasser leurs pouvoirs dans un but d'intérêt public.

Les plus nombreuses, de beaucoup, sont involontaires et restent ignorées aussi bien de ceux qui les commettent que de ceux à qui elles sont préjudiciables; ce sont celles résultant de l'incertitude dans laquelle une législation obscure et trop compliquée met, comme à plaisir, chaque fonctionnaire et chaque citoyen, en ce qui touche les bornes de ses droits et celles de ses obligations.

Il est difficile, d'ailleurs, quelque soin que l'on y mette, d'indiquer une limite infranchissable à l'autorité de chacun des représentants du pouvoir. Dans l'armée, où l'on s'y est appliqué attentivement, on a trouvé, pour résumer en quelques mots les droits de ceux qui commandent et les devoirs de ceux qui sont commandés, la formule heureuse déjà citée à propos de la reconnaissance des officiers : *Le subordonné doit obéissance à son supérieur en tout ce que celui-ci lui commande pour le bien du service, l'exécution des règlements militaires et l'observation des lois.*

Bien que les limites ainsi tracées soient rarement franchies par les esprits droits, elles restent néanmoins assez indécises pour que les autres ne les voient pas où se refusent à les voir.

Si l'usurpation, dans un but égoïste, est toujours condamnable, on ne saurait toutefois considérer comme blâmable l'extension qu'un chef donne à son autorité lorsqu'il a l'intérêt général pour objet, et que des circonstances pressantes lui font un devoir, en l'absence d'un supérieur disposant de pouvoirs plus étendus, de prescrire des mesures urgentes que, normalement, il n'aurait pas le droit d'ordonner.

II. — Ses appuis.

De quelque source que vienne l'autorité, elle a toujours pour objet principal de gouverner les énergies et les volontés individuelles et d'en obtenir des effets qu'elles seraient impuissantes à produire si elles agissaient isolément.

Pour parvenir à ce but, l'homme qui en dispose s'appuie tantôt sur la force, tantôt sur la persuasion, le plus souvent sur l'emploi combiné de la force et de la persuasion réunies.

Si la force est irrésistible pour contraindre matériellement, elle ne l'est plus quand il s'agit d'obtenir obéissance. En y recourant, on peut aller jusqu'à emprisonner ou tuer quiconque se refuse à obéir; on est parfois impuissant à l'obliger à la soumission. Ils sont nombreux ceux qui lui ont préféré le martyre.

D'ailleurs, la force résidant surtout dans le nombre, il faut, pour en user avec certitude, l'assentiment formel ou tacite, conscient ou inconscient, de la majorité des individus qui la donnent. Dès que cet acquiescement fait défaut, la force est bien près de s'évanouir ou de passer en d'autres mains.

C'est ainsi que le mauvais vouloir, l'insubordination, les mutineries, les insurrections, les révoltes dépossèdent de la force, subitement et fréquemment, des gouvernants qui, l'instant d'avant, en disposaient encore souverainement.

L'autorité uniquement appuyée sur la force, autrement dit l'*autorité matérielle*, malgré son formidable appareil, n'offre donc pas toujours de sérieuses garanties de stabilité. Plus les circonstances deviennent graves et plus il est possible qu'elle soit rapidement annihilée. Le renversement instantané des gouvernements successifs de la France pendant le XIXe siècle en fournit une preuve péremptoire.

La résistance opposée aux injonctions d'une autorité de droit ou de fait, malgré la force dont cette autorité paraît armée, si elle n'est pas purement instinctive, est ordinairement dictée par une conviction.

Raisonnée et immuable chez certains; intuitive et fugitive chez d'autres, cette conviction peut naître spontanément dans l'esprit ou y pénétrer sous l'influence des actes et des discours d'autrui. Dans les deux cas, l'homme qui a pris la résolution de résister, a été persuadé, par lui-même ou par un autre, qu'il ne devait pas se soumettre aux exigences des détenteurs du pouvoir.

Efficace pour déterminer à la résistance, la persuasion ne l'est pas moins pour décider à l'obéissance.

Qui sait persuader peut donc ajouter à son autorité matérielle ou à celle d'autrui, par la direction qu'il donne aux esprits comme aux volontés. Il peut aussi opposer à l'autorité matérielle, s'il la juge arbitrairement ou abusivement exercée, une autorité d'un autre ordre, l'autorité du droit, susceptible de mettre obstacle aux tentatives d'abus de la première, voire même d'empêcher qu'elles soient renouvelées.

Mais la persuasion seule est encore plus impuissante que la force seule à obtenir toujours l'obéissance. Elle donne bien au subordonné la conviction que son devoir serait d'obéir; elle ne refrène pas les instincts égoïstes qui le font reculer devant une obligation dont l'accomplissement lui semble trop pénible.

Par conséquent, l'alliance de la force et de la persuasion, la coopération de l'autorité matérielle et de l'autorité morale sont nécessaires pour obtenir, sinon la soumission absolue, du moins le maximum de soumission auquel il est possible de prétendre.

III. — Ses composantes.

On peut appeler *autorité officielle* celle qui est attachée à la fonction.

Les fonctionnaires civils, qui restent des inconnus pour

le plus grand nombre de leurs administrés, qui n'ont avec les autres que de rares et courtes relations, n'ont jamais que l'autorité inhérente à leur emploi.

Il est une autre autorité, appelée *autorité personnelle*, qui est celle que chacun peut exercer en raison de la capacité et des qualités que lui reconnaissent les subordonnés en rapport fréquent avec lui. Là où elle existe, elle s'ajoute à l'autorité officielle et la renforce puissamment.

Les chefs militaires, dont la mission comporte des relations journalières avec leurs inférieurs, la participation aux mêmes fatigues et aux mêmes dangers, ont une autorité personnelle grâce à laquelle ils obtiennent souvent, non seulement l'obéissance, mais aussi le dévouement de ceux qu'ils ont à commander.

Cet ascendant, fondé sur les lumières, qualités et vertus de celui qui le prend, est accepté sans contrainte par ceux qui le subissent: il est indépendant du grade ou de la situation. Chacun doit s'appliquer à l'acquérir et à le rendre incontesté dans sa sphère d'action.

L'autorité personnelle est une résultante de l'autorité morale, donnée par le caractère, et de l'autorité professionnelle, acquise par la supériorité du savoir et de l'expérience. A peu près nulle chez le débutant, qui n'a d'abord que l'autorité du grade, elle s'accroît à mesure qu'il fait preuve de plus de qualités viriles, de compétence et d'aptitude à commander.

L'officier qui n'a encore d'autre autorité que celle du grade est obéi dans les circonstances habituelles du service en temps de paix, non seulement par crainte des punitions, parce qu'il dispose de moyens de répression conservant quelque efficacité, mais surtout parce que son autorité individuelle se trouve étayée de l'autorité collective de la hiérarchie entière. Il aurait tort d'en conclure qu'il serait obéi de même en toutes circonstances.

Que viennent des moments difficiles : des marches ou

des manœuvres rendues très pénibles par leur longue durée ou par le mauvais temps, des périodes de grèves, de troubles, et il sentira bientôt combien précaire est l'autorité qu'il tient seulement de son grade, et combien il importe qu'il puisse agir sur ses subordonnés, pour les maintenir dans le devoir, autrement que par des moyens de contrainte exposés à perdre leur efficacité ou à lui faire défaut.

L'officier qui tient à être obéi, surtout dans les instants où l'obéissance devient périlleuse pour le subordonné, doit donc être assez prévoyant pour doubler son autorité officielle d'une autorité personnelle que, durant toute sa carrière, il doit chercher sans cesse à augmenter.

Pour acquérir et accroître constamment cette autorité personnelle, la méthode à employer est simple; elle peut être résumée en quelques mots : *Agir, en toute occasion, de manière à servir de guide et de modèle à ses subordonnés.*

Mais on n'est en état de diriger sûrement des inférieurs que si, par l'étude, on a acquis le savoir nécessaire, et si, par l'observation et la réflexion, on est parvenu à la rectitude et à la certitude du jugement.

De plus, quand l'effectif de la troupe qu'il commande ne dépasse pas 100 ou 150 hommes, il faut que l'officier connaisse individuellement chacun de ses subordonnés, sache quelles sont ses aptitudes, ses qualités et ses défauts afin de pouvoir le guider, le conseiller et l'employer comme il convient pour que ses actes soient aussi profitables que possible à l'intérêt général.

L'officier d'un grade plus élevé, qui ne peut connaître individuellement tous les soldats sous ses ordres, s'applique, dans le même but, à connaître de la même façon les gradés qui les encadrent et, plus spécialement, ceux que leur rang hiérarchique rapproche davantage de lui.

Un chef ne devient le modèle de ses subordonnés qu'en s'attachant avec persévérance à leur donner l'exemple du parfait accomplissement de tous les devoirs qu'ils ont à remplir en commun.

Plus ces devoirs sont pénibles et plus l'attitude du supérieur doit témoigner de sa conscience à en accepter avec bonne grâce les plus dures obligations; il doit supporter, non seulement sans se plaindre, mais en montrant la plus constante égalité d'humeur, les intempéries et les privations qui n'éprouvent pas moins ses inférieurs que lui-même; il ne doit jamais oublier que tous ont l'œil sur lui et que la plus légère défaillance de sa part peut provoquer chez eux la démoralisation toujours suivie de l'indiscipline.

C'est surtout par la justice éclairée avec laquelle le chef traite ses subordonnés que s'affermit l'autorité morale que ses qualités lui ont donnée sur eux.

Si les vertus qui sont le support inébranlable de l'autorité morale manquent au supérieur, et s'il le sait, il doit, dans ses rapports avec les inférieurs, prouver qu'il possède au moins les qualités qui en sont, en quelque sorte, les succédanés. Il n'a pas d'autre moyen de fonder solidement son autorité morale et de la rendre à peu près incontestée.

Ainsi, le souci du bien public pourra tenir lieu de l'abnégation de soi-même dont si peu d'hommes sont capables; l'amour de la gloire ou le sentiment de l'honneur inspireront les mêmes actes que l'esprit de sacrifice toujours si rare; une sollicitude indispensable et bien entendue, pour les besoins et les intérêts de ceux que l'on commande, produira des effets analogues à ceux de l'amour du prochain si peu répandu et si peu vivace aujourd'hui.

IV. — Notions à en donner.

Savoir ce qu'est l'autorité, pourquoi elle est nécessaire, dans quel but elle est exercée, jusqu'à quelle limite elle peut être étendue, mais le savoir de façon précise et certaine, au lieu de s'en tenir aux idées courantes toujours vagues, incomplètes et erronées, rien n'est plus propre à disposer à bien commander comme à bien obéir. Rien n'est pourtant plus négligé que le soin d'acquérir ou de donner cette connaissance.

Ceux qui ont à la fois à obéir et à commander parviennent encore, à mesure qu'ils avancent en âge, l'expérience et la réflexion aidant, à se constituer un fonds d'idées saines sur l'autorité qu'ils subissent aussi bien que sur celle qu'ils exercent. Leur jugement en est quelquefois redressé, toujours affermi. Souvent même il acquiert assez de certitude pour les préserver des résistances injustifiées à l'autorité d'en haut, autant que des exigences excessives ou abusives envers le subordonné d'en bas.

Mais, celui qui n'a qu'à obéir sans avoir en même temps à commander n'est pas amené à faire le même travail mental. Il part d'ordinaire de l'ignorance absolue pour aboutir à l'insubordination, car il n'a jamais compris ni cherché à comprendre pourquoi les exigences légales des autorités sont légitimes. Il éprouve seulement qu'elles lui sont pénibles, le gênent, l'appauvrissent, le sacrifient au besoin. Il se trouve ainsi conduit peu à peu de la soumission moutonnière à la révolte virtuelle, que le moindre incident peut transformer en révolte déclarée.

Éclairer ceux qui commandent et ceux qui obéissent n'est pas seulement le meilleur moyen de maintenir les uns dans les limites de leurs attributions, les autres dans la soumsision exigée par l'intérêt public, c'est encore préparer les premiers à faire bon et ample usage de l'autorité dont ils sont investis, car on n'a pas uniquement à prévenir leurs usurpations ou leurs abus, on a aussi à se préoccuper de leurs défaillances. Il est, en effet, des époques et des circonstances où l'on est amené à déplorer l'exercice débile que certains font de leur pouvoir autant qu'en d'autres temps on est fondé à se plaindre de l'usage tyrannique et pernicieux qu'ils s'en permettent.

Dans l'armée, de même que dans la cité, nombre de sous-officiers, de caporaux, de petits fonctionnaires civils, croient tenir leur autorité de celui qui les a nommés à leur grade ou à leur emploi; ils ne remontent pas plus haut, ne se rendent nullement compte qu'ils sont dépositaires d'une parcelle de l'autorité publique, et que ce qu'ils ordonnent en vertu des pouvoirs qui leur ont été conférés doit être considéré comme étant l'expression de la volonté de la nation tout entière. La plupart de ceux qui ont à leur obéir ne s'en rendent pas compte davantage. C'est à cause de cette ignorance générale que, trop souvent, les uns ne commandent et les autres n'obéissent qu'à leur corps défendant.

Faire cesser cette ignorance est une nécessité qui n'est plus à démontrer, mais à laquelle on se lasse trop vite de chercher à satisfaire. On se borne à faire, de loin en loin, quelque discrète allusion aux causes qui rendent l'autorité indispensable et légitime, puis, pour ne pas donner prise à l'accusation de rabâchage, on passe à un autre sujet sans avoir insisté suffisamment.

Il ne faut pas craindre de répéter. Ce n'est que par la répétition constante, obstinée, que l'on parvient à faire pénétrer certaines idées dans les cerveaux et à les y loger à demeure, à graver ineffaçablement dans des mémoires rebelles des notions qu'il leur répugne de retenir parce qu'il en découle des obligations toujours pénibles, dont chacun cherche instinctivement à écarter l'importune préoccupation.

Quand, à force de le leur répéter, on sera parvenu à convaincre ceux qui commandent et ceux qui obéissent que, derrière chaque agent de l'autorité publique, il faut voir le corps social tout entier, il sera devenu plus facile d'obtenir que les uns commandent avec plus de fermeté, que les autres obéissent sans attendre d'y être contraints par des mesures de rigueur.

En effet, les premiers, lorsqu'ils sauront bien que la part d'autorité dont ils sont investis n'est autre chose qu'une délégation de tous pour commander à quelques-uns, seront moins tentés de prescrire au nom de tous ce qui ne serait profitable qu'à eux seuls. Sachant aussi que les ordres qu'ils donnent, en vertu de leurs attributions légales, doivent être considérés comme donnés par la nation elle-même parlant par leur voix, ils se sentiront plus forts pour exiger une obéissance demandée uniquement dans un but d'intérêt général.

Quant à ceux qui obéissent, par ce fait qu'ils connaîtront l'origine et l'étendue des droits de leurs chefs, ils se soumettront plus volontiers à leurs exigences légitimes; ils ne pourront être tentés de résister que s'il leur paraît manifeste qu'il leur est demandé plus que l'on est en droit d'exiger d'eux. D'autre part, la connaissance qu'ils auront de la nature et de l'étendue de leurs obligations empêchera certains supérieurs, disposés à l'arbitraire, de succomber à la tentation d'outrepasser leurs droits.

V. — Contrôle de ses actes.

Toute autorité, si libérale, si bien intentionnée qu'elle soit, tourne facilement et presque fatalement au despotisme si ses actes ne sont l'objet d'aucun contrôle.

Les rois de France, qu'on nous représente souvent comme des souverains absolus, acceptaient les remontrances du Parlement, celles des États généraux et celles de l'Église; ils se soumettaient ainsi à ce contrôle nécessaire sans lequel leur autorité eût dégénéré en tyrannie.

Il n'est donc pas insolite de compter sur les lumières de

ceux qui sont commandés ou administrés pour prévenir les empiétements et les abus de ceux qui commandent ou administrent. Il faut voir là, au contraire, le moyen de contrôle le plus efficace, tant parce qu'il est exercé par les plus intéressés que parce qu'il est le plus attentif et le seul permanent.

Les décisions de l'autorité étant le perpétuel souci de ceux qui la subissent, les détenteurs du pouvoir ne peuvent que gagner à ce que leurs administrés soient parfaitement instruits de tout ce que l'on est en droit d'exiger d'eux, car les ignorants, toujours plus soupçonneux et plus défiants que les gens éclairés, sont portés à se dire et à se croire constamment lésés, faute de pouvoir discerner et établir qu'ils le sont parfois réellement.

Les jugements que portent des ignorants sur des actes d'autorité auxquels ils ne peuvent se soustraire sont toujours foncièrement malveillants. Éclairer ces ignorants, c'est les obliger, à leur grand regret, d'abandonner quelques-unes de leurs préventions, dont ils sont amenés à reconnaître eux-mêmes l'absurdité ou le manque de fondement; c'est, de mécontents hostiles de parti pris, les transformer en surveillants sans bienveillance, mais rendus plus clairvoyants.

Et c'est grâce à cette clairvoyance même qu'ils deviennent moins gênants, car elle leur apprend à voir l'abus où il est, tandis que, si on les avait laissés dans leur ignorance antérieure, ils auraient persisté à le soupçonner et à le dénoncer partout, auraient continué à s'en croire les intéressantes victimes et à s'entretenir dans leurs velléités de révolte ou d'insoumission.

Il n'est point d'autorité absolue, du moins chez les peuples civilisés. L'autorité y est, au contraire, d'autant plus divisée, spécialisée et limitée qu'ils sont parvenus à un degré de civilisation plus avancé.

Chez eux, en principe, nul n'échappe à l'autorité des

lois, tenues pour être l'expression des volontés de tous. Nul ne saurait donc se contester à lui-même ni contester à autrui le droit de contrôler les actes des agents de l'autorité publique.

Être soi-même l'un de ces agents ne dispense d'ailleurs pas de subir l'autorité d'un grand nombre d'autres. Par suite, chacun, en sa qualité permanente de citoyen, est intéressé à maintenir dans les bornes légales les exigences de ceux qui, en vertu de l'autorité passagère leur étant temporairement déléguée, prescrivent au nom de tous. Et ce que l'on trouve bon pour soi-même l'est également pour autrui.

Aucune bonne raison ne s'oppose à ce qu'on admette le contrôle des gouvernés sur les gouvernants. C'est le contrôle le plus naturel, le plus rationnel et le plus efficace à la fois.

Seuls sont fondés à le redouter ceux qui abusent de l'autorité dont ils sont investis.

Pour conclure :

Savoir d'où vient l'autorité, ce qu'elle est essentiellement, pourquoi elle est établie et acceptée, quel caractère d'intérêt général doit revêtir chacun de ses actes, à qui appartient le droit de contrôle desdits actes, telles sont les considérations qui doivent être toujours présentes à l'esprit de ceux qui ont à commander. S'ils les ignorent, ou les oublient, ou n'en tiennent nul compte, ils ne peuvent que faillir à leur mission.

<hr>

CHAPITRE II

Qualités de commandement.

Les hommes ont tous, d'instinct, l'amour du commandement et la haine de la subordination.

C'est de ces deux sentiments, innés en chacun d'eux, que leurs rapports prennent ce caractère d'antagonisme qu'on leur découvre si souvent.

Les relations que la nécessité et leur sociabilité ont établies entre eux, ne sont, au fond, qu'un conflit sans cesse renaissant de volontés contraires, conflit chaque jour résolu et chaque jour à résoudre.

Mais, tandis que les sauvages et ceux qui s'en rapprochent, c'est-à-dire les enfants et les gens à éducation rudimentaire, recourent volontiers à la force physique pour terminer leurs différends, les hommes plus civilisés ont préféré s'en remettre de ce soin à certains d'entre eux. Ils ont institué, en conséquence, sous les noms divers de gouvernants, chefs militaires, magistrats, fonctionnaires, etc., des arbitres permanents entre les collectivités aussi bien qu'entre les individus.

A l'aide de conventions appelées lois, règlements, coutumes, ces arbitres cherchent à prévenir les contestations, ou, tout au moins, à en restreindre le nombre.

Usant de l'autorité qui leur est reconnue, ils mettent un terme à celles qui ne peuvent être évitées. Ils jugent, prononcent, commandent, et, dans la généralité des cas.

les particuliers se soumettent d'autant plus facilement à leurs décisions qu'ils savent mieux que cette soumission leur serait imposée au besoin par la force. La menace de celle-ci suffit, lorsqu'il n'est pas douteux qu'elle serait promptement suivie d'effet.

Mais, si tous les humains naissent avec un goût marqué pour le commandement, il n'est donné qu'à un petit nombre de pouvoir le satisfaire, car il faut toujours et partout beaucoup plus d'exécutants que de dirigeants.

Les sujets destinés à commander, soit par le rang social de leurs parents, soit par le choix qu'ils font ou qui est fait pour eux d'une carrière, sont préparés dès leur enfance ou dès leur adolescence à leur mission future par une éducation appropriée, la culture et le développement de certaines facultés et qualités . On cherche ainsi à les rendre plus aptes à user efficacement de l'autorité qui leur sera dévolue plus tard.

L'éducation spéciale donnée aux jeunes hommes destinés à devenir des chefs militaires consiste principalement à cultiver et développer chez eux les qualités de commandement.

Bien qu'aucune qualité ne soit inutile à qui doit exercer une autorité, on donne le nom de qualités de commandement à celles qui sont plus particulièrement nécessaires.

Les principales de ces qualités sont : la volonté, le jugement, la fermeté, la justice, la prévoyance, l'esprit d'initiative, le courage des responsabilités, la possession de soi-même et la sollicitude à l'égard des subordonnés.

I. — Volonté.

Une volonté forte et ferme est la première des qualités nécessaires à celui qui se destine au commandement, car pour commander efficacement il faut vouloir fortement ce que l'on prescrit, et le vouloir avec persévérance jusqu'à ce qu'on l'ait obtenu.

En effet, commander ne consiste pas seulement à prescrire les actes utiles ou nécessaires, mais encore à veiller, tant par soi même que par des délégués, à l'accomplissement de ces actes.

Vouloir énergiquement ce qu'on commande, le vouloir jusqu'à entière exécution, est, de toutes les obligations du commandement, celle qui nécessite l'effort le plus soutenu, et souvent le plus pénible.

Car ce qu'a prescrit le dirigeant n'est pas voulu au même degré par les exécutants qui, dans la plupart des cas, voudraient plutôt le contraire, ou voudraient tout au moins s'abstenir de ce qui est exigé d'eux. Il est donc tout à fait naturel qu'après avoir d'abord cédé à l'action de cette force qu'est la volonté du chef, ils redeviennent inertes dès qu'ils n'en sentent plus la manifestation. Il n'est guère de fait mieux et plus fréquemment constaté.

Tout homme disposant de quelque autorité doit donc savoir que sa volonté est une force, et que cette force cesse de produire son effet dès que, par fatigue ou par distraction, il cesse de l'appliquer à obtenir ce qu'il a commandé.

Il doit savoir aussi que les volontés de ceux qui lui sont subordonnés sont d'autres forces rarement dirigées dans le même sens que la sienne, parfois même contraires à celle-ci, et dont il doit d'abord vaincre les résistances s'il tient à assurer l'exécution de ses ordres.

Pénétré de cette vérité que les volontés sont des forces, qu'elles se composent comme les autres forces, il apportera tous ses soins, autant ou plus encore qu'à fortifier la sienne, à diriger celles de ses subordonnés afin de les amener, à l'aide des raisons les plus convaincantes, à vouloir ce qu'il veut lui-même et à le vouloir de la même façon.

Cet accord d'un grand nombre de volontés est difficile

à réaliser. Aussi, beaucoup, que la difficulté rebute, essaient-ils de suppléer à cette fusion si désirable par l'annihilation de la volonté chez les subordonnés.

Quand, par indifférence ou paresse, ces derniers s'y prêtent, on parvient ainsi à les rendre inertes et passifs ; ils ne s'opposent plus que par leur inertie à la volonté du chef, et celui-ci n'a plus à surmonter que des résistances passives. La première impulsion nécessite de sa part un moindre effort que s'il avait à vaincre l'opposition de volontés adverses ; seulement, comme il n'est point secondé activement ensuite par des automates sans volonté, le résultat final est moindre également que si les volontés, préalablement rendues concourantes, s'étaient associées pour produire le maximum d'effet.

De ce qui précède faut-il donc conclure que, chaque fois qu'un acte est prescrit à une troupe, son commandant doit commencer par lui exposer les considérations propres à lui faire vouloir cet acte avant de l'exécuter ?

— Non, évidemment, car en une multitude de cas l'urgence d'une exécution immédiate ne lui en laisse pas le temps. Mais il faut que, dans les séances consacrées à l'instruction et à l'éducation de cette troupe, ce soin ait été pris à maintes reprises avant de lui commander un acte de même nature. Habituée et confiante, elle sait alors pourquoi elle doit vouloir l'acte prescrit, et il arrive un moment où, suffisamment instruite, il devient superflu de le lui répéter constamment.

Il n'y a pas lieu de s'appliquer principalement à démontrer aux subordonnés, dans chaque cas particulier, qu'ils n'ont rien de mieux à vouloir que ce que veut le chef. On doit plutôt chercher à obtenir d'eux, par une sorte d'aimantation générale et durable, résultat d'une discipline haute et forte, que leur volonté soit dirigée dans le sens de celle du chef aussi infailliblement que l'aiguille d'une boussole l'est vers le Nord.

Le chef ayant constaté qu'une telle discipline existe et a produit ses bons effets dans l'unité qu'il commande, peut dès lors se borner à signifier sa volonté ; elle devient aussitôt celle de tous.

Ainsi sont prévenues, plus efficacement qu'elles ne seraient surmontées par le recours aux moyens de contrainte, les résistances qu'engendre presque inévitablement le conflit des volontés distinctes de tous les individus appelés à concourir à une œuvre commune.

La volonté commence par être impérieuse chez l'enfant ; elle reste telle tant qu'il vit exclusivement dans sa famille, s'il a des parents accoutumés à lui céder trop facilement.

Elle s'amortit plus tard par l'effet de l'éducation, des contraintes scolaires, du développement de l'instruction et de la raison, de la lutte journalière contre des volontés adverses. Puis, les difficultés de la vie, les disciplines diverses qu'il faut accepter ou subir, mille autres causes viennent encore s'opposer à son essor, parfois même l'user, l'affaiblir de telle sorte que nombre d'adultes, d'hommes faits, n'ont plus qu'une volonté atrophiée et vacillante qu'on doit solliciter, stimuler sans cesse pour en obtenir les actes nécessaires.

Dans l'armée, nombre de gradés sont dans ce cas. Aussi, le développement de la volonté chez tous ceux qui commandent doit-il être un des objets principaux de l'éducation militaire donnée aux cadres, car ce n'est que par la volonté que les gradés peuvent mettre en œuvre l'autorité qui leur a été confiée.

Pour que cette mise en œuvre soit normale et profitable à l'intérêt général il convient que tous ceux qui commandent, à quelque échelon de la hiérarchie qu'ils soient placés, aient été habitués à diriger leur volonté d'après certaines règles partout admises, sinon comme vérités incontestables et mathématiquement démontrées, du moins comme conclusions, tenues jusqu'à ce jour pour justifiées, d'une expérience qui dure depuis des siècles.

I. Chacun doit subordonner sa volonté propre à celle de tous, c'est-à-dire, en pratique, à celle de l'autorité la plus élevée, parce que c'est elle qui a mission de vouloir et de prescrire au nom de tous.

Par suite, dans toute hiérarchie, chacun doit subordonner sa volonté à celle du supérieur dont il reçoit un ordre.

II. Tout homme investi du pouvoir de commander à d'autres doit maintenir sa volonté indépendante de celles de ses subordonnés, et cela afin de garder intacte l'autorité qui lui est reconnue et dont il doit user selon les vues de ses chefs ou les inspirations de sa conscience, et non suivant les désirs trop souvent égoïstes de ses inférieurs dans la hiérarchie.

III. La volonté ferme d'être obéi aide puissamment à l'être, car elle ajoute grandement à la force que donne au chef l'autorité dont il est officiellement revêtu.

Une volonté inconstante amène un résultat inverse. Le chef dont la volonté a fléchi est obligé de renouveler et de redoubler ses efforts pour obtenir le résultat auquel il serait parvenu avec beaucoup moins de peine si sa volonté initiale n'avait varié ni en direction ni en intensité.

IV. Au moment où un ordre est donné, il s'établit inévitablement un conflit, apparent ou latent, entre les volontés de celui qui commande et de ceux qui ont à obéir.

Chacun de ces derniers n'abdique sa volonté propre qu'après une résistance, instinctive ou consciente, plus ou moins énergique ou prolongée que, souvent, il contribue lui même à vaincre, en se représentant rapidement à l'esprit les raisons devant le déterminer à l'obéissance.

C'est à faire cesser au plus vite ce conflit que doit s'appliquer le chef et, en une multitude de cas, il ne dispose d'aucun moyen autre que la discipline qu'il a su imposer et la confiance qu'il a su inspirer à ses subordonnés.

V. Les résistances engendrées par l'inertie des intelligences, le choc ou le frottement des volontés, rendent toujours l'effet résultant inférieur à celui qu'aurait dû produire l'effort exercé.

Il importe donc que la volonté dirigeante proportionne son effort à l'inertie à vaincre, au nombre et à l'intensité des résistances à surmonter. Si, se trompant dans l'évaluation de cet effort, elle le produit trop faible, elle ne tarde pas à constater l'imparfaite exécution de ses ordres.

Si, se trompant également sur les causes qui ont rendu son autorité inefficace, le chef attribue exclusivement à l'indiscipline et au mauvais esprit des subordonnés un résultat qui lui est en partie imputable, il ne fait qu'aggraver le mal; car, au lieu d'y remédier par l'affermissement et la tension de sa volonté, il s'irrite, recourt aux moyens de rigueur et, finalement, transforme en malintentionnés des gens qui n'avaient été d'abord qu'inertes et indifférents.

VI. Pour que la volonté dirigeante soit transmise aux exécutants et les détermine aux actes prescrits, il y a à vaincre des résistances analogues à celles éprouvées pour transmettre mécaniquement le mouvement produit par un moteur et le communiquer aux divers organes qu'il doit mettre en travail.

Plus il y a d'intermédiaires employés à la transmission de la volonté motrice, et plus cette volonté parvient affaiblie à ceux qui la reçoivent en dernier lieu, parce qu'il est rare que les intermédiaires veuillent aussi fortement l'exécution d'un ordre que l'auteur même de cet ordre.

Ce dernier, d'ailleurs, ne réussit pas toujours à donner aux intermédiaires une conception de la chose voulue absolument identique à la sienne, car les idées, en passant d'un cerveau à un autre, sont pour ainsi dire réfractées à la façon des rayons lumineux traversant des milieux différents. Il s'ensuit que la volonté initiale n'est pas seulement affaiblie lorsqu'elle parvient à ceux qui doivent la transformer en actes, mais encore qu'elle est plus ou moins obscurcie, déviée ou déformée, parfois même dénaturée.

VII. Il est toujours difficile à un chef d'apprécier l'énergie des résistances susceptibles d'être opposées à sa volonté par les volontés souvent un peu différentes, parfois contraires, de ses subordonnés.

Cette difficulté est d'autant plus grande que l'opposition latente ou inconsciente qu'il doit en attendre est habituellement dissimulée sous la forme d'une complète soumission apparente.

Le meilleur moyen qu'il ait d'en triompher c'est d'apprendre à bien connaître, sinon tous ceux qu'il commande, du moins ceux qui sont ses auxiliaires les plus immédiats et, parmi les autres, ceux dont l'influence peut favoriser ou contrarier ses desseins.

VIII. Tout chef est intéressé à connaître la mesure de l'énergie de la volonté de chacun de ceux qui lui sont immédiatement subordonnés, afin de pouvoir juger de l'importance du concours qu'il peut en espérer, aussi bien que de la force des résistances qu'il ne lui est pas interdit d'en prévoir.

Mettre aux prises avec les mêmes difficultés plusieurs volontés orientées vers un même but, apprécier la valeur du résultat obtenu par chacune, en tenant compte du temps employé à l'obtenir, tel est le dynamomètre à l'aide duquel on peut mesurer l'intensité des volontés individuelles lorsqu'elles sont servies par des connaissances et des facultés équivalentes.

IX. La volonté ne se développe et ne devient forte et ferme que par un exercice constant.

Mais, dans l'état militaire, les règlements et, plus encore, l'arbitraire de certains chefs imposent à cet exercice, lorsqu'il n'a pas d'objet autre que les devoirs de cet état, des limites tellement étroites qu'il n'est plus qu'un vain simulacre.

Car vouloir par obligation professionnelle ce dont on ne peut se dispenser, c'est-à-dire ce que prescrivent les règlements et les chefs, ce n'est vouloir qu'en apparence ; il n'y a pas là exercice réel de la volonté.

Le militaire résolu à fortifier sa volonté doit donc l'exercer en dehors du domaine réservé à l'action du commandement. Augmenter son instruction générale, développer ses facultés, ses qualités morales, ses aptitudes physiques, tel serait le but le plus utile qu'il puisse donner à ces exercices.

S'il s'habituait à ne vouloir que ce qui lui est commandé, il aurait peut-être encore des velléités, mais bientôt il manquerait de volonté.

X. Faute de s'exercer, la volonté s'atrophie et dégénère en velléité.

La volonté est toujours consciente d'elle-même ; la velléité s'ignore souvent et n'est plus qu'un mouvement réflexe causé par l'instinct, mais arrêté dans son développement avant d'avoir pu parvenir jusqu'à la conscience.

Sous l'influence de certaines excitations, une velléité peut néanmoins se transformer en volonté. Par conséquent, les velléités que manifestent des inférieurs méritent de retenir l'attention du supérieur, car elles lui fournissent tout au moins un élément de plus pour les bien juger.

XI. L'effort de volonté fatigue de même que l'effort physique.

Il ne faut donc pas user, épuiser sa volonté à vouloir des choses inutiles ou insignifiantes ou impossibles ; il faut ne l'appliquer qu'à celles qui sont utiles, importantes et possibles.

Un supérieur qui est parvenu à faire vouloir à ses subordonnés ce qu'il veut lui-même, peut sans inconvénient diminuer l'intensité de son effort de volonté, sans cesser néanmoins de l'exercer avec constance, ne serait-ce que pour soutenir la bonne volonté des inférieurs et l'empêcher de s'affaiblir graduellement.

La constance d'une volonté produit d'ailleurs plus d'effet qu'une très grande intensité initiale qui ne serait pas soutenue jusqu'à la fin.

II. — Jugement.

Le chef n'a pas de garantie plus certaine de son autorité que la confiance qu'il inspire à ceux qu'il commande.

Mais cette confiance ne lui est accordée qu'après qu'une expérience suffisamment prolongée leur a appris à ne point douter de la rectitude et de la sûreté de son jugement.

Il ne peut en être autrement, parce que l'erreur de jugement du dirigeant a fréquemment, pour le dirigé, entre autres conséquences fâcheuses, celle de l'obliger à refaire comme il faut ce que d'abord et, par ordre, il a fait une première fois comme il ne fallait pas.

On conçoit donc que des subordonnés, à qui il arrive souvent de faire ainsi double tâche, refusent leur confiance au chef dont les incertitudes et les défaillances de jugement se traduisent pour eux en besognes supplémentaires. Ils ne reçoivent plus ses ordres qu'avec appréhension, et, en s'y conformant, la crainte qu'ils ont de perdre leur temps et leur peine à un labeur qui sera peut-être inutile, refroidit singulièrement leur zèle et les empêche de prendre goût à des occupations que, par expérience, ils savent leur être prescrites parfois à tort.

Les décisions d'une autorité, les ordres qu'elle donne pour que ces décisions deviennent des faits, sont conséquences nécessaires de jugements qu'elle a préalablement portés.

Les jugements les plus justes dictent naturellement les ordres les plus opportuns et ceux dont l'exécution doit rencontrer le moins de difficultés.

Juger sainement des hommes et des choses est donc indispensable pour bien commander.

Le jugement, cette faculté de l'entendement qui fait saisir les rapports entre les idées ou entre les choses, et apprécier exactement ce qu'il convient de faire ou de prescrire en chaque occurrence, n'est pas départi également à chacun de nous. Toutefois, il n'est personne qui en soit totalement dépourvu.

Et il n'est pas interdit aux moins bien partagés, à ceux mêmes que l'on appelle des esprits faux, de parvenir par une application suivie, une instruction plus solide et une expérience plus prolongée, à rendre de moins en moins fréquentes leurs erreurs en matière de jugement.

Pour être droit et certain, il faut que le jugement soit éclairé et réfléchi.

Or, il ne peut être éclairé sans une connaissance complète de la chose à juger et du caractère particulier sous lequel elle se présente, connaissance demandant toujours un peu de temps pour être acquise.

De même, il ne peut être réfléchi s'il est rendu avant d'avoir pris le soin d'envisager sous ses divers aspects la question qui se pose, et cela afin de lui donner la solution convenant le mieux à l'aspect qu'elle paraît revêtir.

Il importe donc, pour qu'il soit éclairé autant que réfléchi, qu'un jugement ne soit jamais précipité.

Mais, parce qu'il est à la guerre des cas urgents où le jugement et la décision qui en découle doivent être instantanés, on a laissé s'accréditer dans l'armée l'opinion que chez les militaires jugement et décision doivent être toujours extrêmement prompts.

On a ainsi généralisé outre mesure et proclamé à tort que ce qui est indispensable dans un cas particulier l'est également dans tous les cas. Il n'en est rien. Il est, au contraire, nombre de circonstances où le jugement et la décision gagnent à être mûris, et où il faut d'abord se donner le temps de l'enquête afin de bien connaître la chose à juger, puis celui de la réflexion, afin d'en juger et décider en parfaite connaissance de cause.

C'est par un exercice méthodique et constant que l'on doit chercher à réduire au minimum le temps que réclament le jugement et la décision, et non par la précipitation qui exclut enquête et réflexion.

Quelque soin que l'on apporte à s'enquérir avant de juger, on ne réussit pas toujours à s'éclairer complètement. Tantôt les éléments d'appréciation font défaut ou sont insuffisants, tantôt ils consistent en renseignements, témoignages, documents de mauvais aloi donnant de la chose à juger une idée inexacte. Nul ne peut donc avoir la certitude de se préserver de toute erreur de jugement, mais seulement celle d'en diminuer la fréquence et la gravité par les précautions prises dans le but de les éviter.

L'erreur accidentelle, isolée, tire d'ailleurs rarement à conséquence. Si elle ne passe pas inaperçue, elle ne retient pas longtemps l'attention des subordonnés qui n'en sentent pas leur confiance ébranlée.

Il en est autrement des erreurs fréquentes, habituelles, systématiques, pourrait-on dire, que commettent journellement ceux qui ne font rien pour s'en garder. Elles ne peuvent échapper à l'observation des inférieurs qui en pâtissent ; ils apprennent vite à les redouter. Dès lors ils ne font plus crédit à leur chef d'une confiance qu'il ne sait pas justifier, et c'est avec l'arrière-pensée de faire quelque chose de malencontreux qu'ils se résignent à lui obéir.

Il y a des aberrations du jugement — qui est une vision mentale — comme il y a des aberrations de la vue. Mais, tandis que ces dernières peuvent être à peu près corrigées par des verres appropriés, il n'est pas d'orthopédie qui puisse prévenir ou corriger les autres.

L'homme affecté d'une aberration du jugement ne prend conscience de son infirmité qu'à la longue, par les conséquences dommageables qui en résultent pour lui. S'il s'y applique alors, il parvient peu à peu, en faisant appel à ses autres facultés, à se préserver d'erreurs trop fréquentes, de même que l'aveugle parvient à se préserver d'accidents en se servant de ses autres sens pour suppléer à celui qui lui manque.

Le chef dont le jugement est souvent en défaut n'aura jamais la moindre autorité personnelle ; il n'aura que la précaire autorité du grade. Ses subordonnés lui obéiront à regret quand ils ne pourront s'en dispenser, mais il n'obtiendra pas leur dévouement et ne sera jamais efficacement secondé par eux.

Le gradé qui tient à mériter et à conserver la confiance de sa troupe mettra donc au premier rang de ses préoccupations principales celle de se rendre de plus en plus apte : 1° à bien juger des hommes afin de connaître à fond ceux qu'il commande et savoir ce que, dans chaque circonstance, il peut attendre d'eux ; 2° à bien juger des choses afin de ne rien prescrire qui ne soit utile, possible et justifié.

III. — Fermeté.

La fermeté est indispensable à l'homme qui commande. Elle lui évite de se laisser influencer tant par la pensée des périls auxquels lui et sa troupe peuvent être exposés, que par la prévision des difficultés à surmonter dans l'exécution des missions dont il est chargé. C'est elle encore qui lui permet de résister aux sollicitations intéressées dont on l'assiège pour l'empêcher de persévérer dans une décision équitable et fondée, mais ne s'accordant pas avec les convenances personnelles de ceux qu'elle concerne.

En prenant possession d'un commandement, il n'est pas de qualité de caractère dont, plus que de celle-là, il soit utile de donner de suite des preuves à tous ceux avec qui l'on entre en rapports. On se garantit ainsi de l'arbitraire des supérieurs qui, si l'on cède une fois à leur pression, ne cessent de vous demander d'y céder encore ; on arrête court les requêtes égoïstes des inférieurs qui, enclins à penser que l'on ne tient pas suffisamment compte de leurs vues et de leurs commodités, sont naturellement désireux d'insinuer aux supérieurs les décisions qui leur agréeraient le mieux.

Rien ne prépare mieux à devenir et à rester ferme que la conscience d'avoir fait, en chaque circonstance, tout ce qui est nécessaire pour discerner et prendre la meilleure détermination possible.

On ne saurait donc trop recommander, comme moyens efficaces d'atteindre à cette fermeté qui caractérise les chefs les mieux obéis : d'abord l'examen approfondi des différentes solutions que comporte chaque question à résoudre, suivi de la balance du pour et du contre ; puis le choix réfléchi et raisonné de celle de ces solutions qui, au point de vue de l'intérêt général, semble la meilleure. S'il s'agit d'une question de personnes, la raison d'équité doit primer les autres et dicter la décision à prendre.

Un ordre déjà notifié ne doit pas être changé sans nécessité bien reconnue, car la constance du chef dans ses desseins est le plus sûr garant d'une efficace coopération des subordonnés.

Il n'est opportun de modifier un ordre que si, depuis sa notification, la situation à laquelle il correspondait a varié assez notablement pour rendre indispensables des dispositions autres que celles d'abord prescrites.

Il y a alors cas de force majeure, et les exécutants, souvent placés pour constater les premiers les changements survenus dans la situation, sont aussi les premiers à reconnaître combien il est devenu urgent de modifier les ordres primitifs, afin de les adapter à des conditions autres que celles pour lesquelles ils avaient été faits.

Hormis ce cas, les exécutants, occupés à préparer ou à effectuer la tâche que, par un premier ordre, on leur a imposée, ne doivent pas en être distraits. Qu'il s'agisse, en effet, de continuer cette tâche par d'autres moyens ou d'en entreprendre une nouvelle, ils regretteront toujours de s'être donné une peine que la notification des nouveaux ordres leur fait immédiatement paraître inutile. La sorte de déception qu'ils éprouvent les rend plus lents à se pénétrer des prescriptions qui remplacent les premières sans les effacer instantanément de leur esprit; ils n'y parviennent qu'après un laps de temps d'autant plus long que sont plus profondes les différences entre le dernier ordre reçu et celui qui l'a précédé.

Modifier un ordre est donc chose plus souvent nuisible qu'utile, surtout s'il est déjà en cours d'exécution, et il faut admettre qu'on ne doit jamais le faire sans raisons sérieuses, pressantes, urgentes, constituant réellement le cas de force majeure.

Le changer sans autre raison que le désir d'obtenir mieux que ce qu'on avait prescrit d'abord est pure duperie, car ceux qui, après s'y être préparés, ont commencé à exécuter un ordre, sont toujours déconcertés et mécontentés par le changement qui vient les désagréablement surprendre. De même que des mobiles dont, en vertu de la vitesse acquise, le mouvement ne peut être brusquement modifié, ils ne s'écartent que lentement de la direction que l'ordre initial leur avait imprimée. Ils ne s'assimilent que péniblement les nouvelles prescriptions du chef. Leur zèle s'en trouve paralysé, et le résultat est au-dessous de ce qu'il aurait été si l'on s'en était tenu à l'ordre primitif.

La constatation réitérée d'un tel effet ne laisse aucun doute sur la foncière vérité exprimée par ce proverbe, en apparence paradoxal : « Le mieux est l'ennemi du bien ».

C'est avant de lancer un ordre, alors qu'il est encore à l'état de projet ou en voie d'élaboration, qu'il faut en méditer la teneur, en mesurer les termes, en préciser le sens et la portée jusqu'à ce qu'on ne trouve plus rien à y changer, à y ajouter ou à y retrancher. Une fois l'ordre lancé, le chef ferme renonce à le modifier, même si, continuant à y réfléchir, il en arrive à douter que ses prescriptions soient celles qui conviennent le mieux à l'objet qu'il s'est proposé. Il sait, en effet, pour peu qu'il soit expérimenté, que bien loin de contribuer à une exécution plus parfaite, toute modification à ses prescriptions initiales ne fera qu'introduire l'indécision et le désarroi parmi les exécutants, les mettre de mauvaise humeur, diminuer l'intérêt qu'ils ont pris jusque là à l'œuvre commandée, les rebuter enfin si elle doit rendre inutile tout ou partie du travail déjà effectué par eux.

Quand, au lieu d'un ordre prescrivant l'exécution

d'un travail, d'un service, ou l'accomplissement d'une mission quelconque, il s'agit d'une décision concernant les personnes, il n'est pas moins nécessaire d'y persister dès qu'elle a été portée à la connaissance des intéressés.

Une décision de cette nature doit être dictée par l'esprit de justice et le souci de l'intérêt général, non par le désir de complaire à certains de ceux qu'elle peut concerner, si satisfaction ne peut leur être donnée qu'au détriment des autres. Il est inévitable qu'elle ne soit pas accueillie par tous avec un égal contentement. Celui qui décide doit d'avance en avoir pris son parti. Si ses subordonnés ont appris à ne pas douter de sa fermeté, ils se soumettent aussitôt à sa décision sans rien tenter dans le but de la faire rapporter. Dans le cas contraire, il en est qui mettent immédiatement tout en œuvre pour lui démontrer qu'ils en sont lésés et l'amener à en prendre une autre qui leur convienne mieux. Qu'il cède à leurs sollicitations, et il lui faudra bientôt subir les importunités d'autres mécontents.

Un supérieur manquant de fermeté et dont on connaît, pour l'avoir mise à l'épreuve, la facilité à contre-ordonner ce qu'il a déjà prescrit, est vite circonvenu et artificieusement dirigé par des inférieurs sans scrupules qui ne tardent guère à se substituer à lui. Il ne commande plus : ce sont eux qui lui indiquent, avec les formes nécessaires pour ménager sa susceptibilité, les ordres à donner et les décisions à prendre, ne lui laissant du commandement que l'apparence et les responsabilités.

Combien de généraux et d'officiers de tous grades subissent ainsi l'influence de ceux qui les approchent journellement ! Combien, après s'y être accoutumés, regretteraient qu'elle cessât de s'exercer sur eux !

La fermeté du chef rend circonspects ceux qui, dans

son entourage, sont disposés à spéculer sur l'indécision, la faiblesse ou la versatilité d'autrui ; elle déconcerte les intrigants, les suiveurs de voies obliques et de chemins détournés, car mieux que la perspicacité elle est propre à faire échouer leurs tentatives. Elle rassure et encourage les autres, les préserve de la perpétuelle appréhension de ces revirements subits et inexpliqués qui, trop souvent, viennent rendre stériles un travail et des efforts prolongés, les habitue enfin à entrer plus complètement dans les vues de celui qui commande en leur donnant la certitude de l'y voir persévérer.

IV. — Justice.

S'inspirer de la justice dans tous les actes auxquels oblige le commandement, c'est établir son autorité personnelle sur le fondement le plus solide.

Il en coûte moins, en effet, d'obéir au chef — même sévère et dur — dont les ordres et décisions sont dictés par la conscience et l'esprit de justice, qu'à celui — même bienveillant et débonnaire — qui suit les inspirations de sa fantaisie ou se laisse influencer par ses préférences pour les personnes.

Le premier oblige au respect et ne laisse aucun prétexte que l'on puisse alléguer, avec apparence de raison, pour motiver un refus de soumission. Le second en donnant sujet à des accusations justifiées d'arbitraire et de partialité, déchoit dans l'estime de ses inférieurs, légitime, en quelque mesure, leur répugnance à se soumettre à ce qu'il prescrit, entretient ou fait naître en eux la haine de l'autorité ainsi que les sentiments d'hostilité et de révolte qui en sont inséparables.

Pour être juste, il ne suffit point de désirer l'être : il faut vouloir l'être et s'y appliquer constamment.

Il est indispensable encore de connaître à fond les

obligations et les droits de ceux qu'on commande ; d'assurer l'égale répartition entre tous des services et des travaux ainsi que celle des avantages, lorsqu'il en est de correspondants ; d'avoir enfin présentes à l'esprit, chaque fois qu'il en est besoin, les règles à suivre pour parvenir à discerner le droit ou à imposer le devoir.

Les chefs les mieux intentionnés, les plus éclairés, les plus perspicaces, sont parfois injustes involontairement parce qu'ils ne connaissent qu'imparfaitement les idées et les sentiments de certains de leurs subordonnés et ignorent les véritables mobiles qui les font agir. Les supérieurs qui ne s'attachent pas à observer et à connaître les inférieurs commettent, sans le vouloir davantage, des injustices plus graves et plus fréquentes.

Qui veut être juste doit donc s'imposer la lourde tâche d'être attentif aux actes de tous ceux qui dépendent de lui, de remarquer les circonstances dans lesquelles ils se sont produits, de ne rien négliger pour en pénétrer les mobiles et le but. Ce n'est qu'à cette condition que sa justice sera éclairée. S'il se borne à une attention intermittente ou superficielle, il sera juste d'intention sans l'être toujours de fait.

Il est peu d'hommes qui sachent combien, en nombre de cas, il est difficile d'être juste ; par contre, il n'en est pas un seul qui ne ressente vivement une injustice commise à son dam. On ne saurait donc trop s'efforcer d'être juste quand, investi d'une autorité, on est exposé à l'amoindrir par toute décision susceptible de léser, même involontairement, les droits ou les intérêts d'autrui.

Lorsque des fautes, des infractions sont constatées sans que les auteurs en soient connus, il peut être nécessaire et politique, sans qu'il soit pour cela équitable, que, pour en prévenir de nouvelles, on désigne arbitrairement, pour être punis comme s'ils en étaient les auteurs, des responsables qui peuvent être innocents.

Cette pratique, excusable en temps de guerre, en pays hostile ou ennemi, alors que la population entière se rend moralement complice des auteurs de ces infractions par la protection dont elle ne peut guère se dispenser de les couvrir, ne saurait être que très rarement justifiée dans une armée organisée et disciplinée où, en principe, chacun ne devrait avoir à répondre que de ses propres actes.

Et pourtant, par les écoles militaires, où la solidarité entre les élèves, plus étroite qu'entre les soldats d'une même unité, rend plus difficile que dans les corps de troupe la découverte des coupables quand ils n'ont pas été pris en flagrant délit, cette coutume s'est introduite et répandue dans toute l'armée, où elle a complètement faussé les idées en matière de justice répressive dans le domaine disciplinaire.

Agissant conformément aux mauvais exemples qui leur ont été donnés, et dont souvent ils ont eu à pâtir, beaucoup de gradés, lorsqu'ils estiment trop laborieuse la recherche des coupables et trop incertaine leur découverte, se préoccupent uniquement de leur substituer des responsables. Dès qu'ils ont désigné et puni ceux-ci, avec l'approbation tacite des gradés supérieurs, toute enquête cesse ; l'affaire est considérée comme terminée, comme ayant reçu la solution qu'elle comportait normalement. La prescription est acquise aux délinquants, qui en bénéficient sans remords, se disant que leur tour viendra — s'il n'est déjà venu — d'être déclarés responsables de fautes commises par d'autres.

Une autre coutume aussi peu louable, qui existait déjà avant la guerre de 1870, mais s'est surtout enracinée depuis, présentée qu'elle fut alors comme un excellent moyen de rétablir la discipline ébranlée, est celle qui consiste à rendre les gradés subalternes toujours responsables disciplinairement de certains des manquements dont sont coupables leurs subordonnés.

Pour donner à cette pratique une apparence de légitimité, il suffit de reprocher aux gradés que l'on punit pour les fautes de leurs inférieurs, d'avoir rendu ces fautes inévitables par leur incurie, ce qui est quelquefois vrai, mais ne l'est pas constamment.

Or, comme en nombre de cas on ne se préoccupe guère de rechercher si réellement il y a eu manque de surveillance de la part des gradés punis, ceux-ci en arrivent bientôt à se désintéresser de leurs devoirs, préférant mériter les punitions qui leur sont infligées que de les subir quand même après avoir fait tout ce qu'ils devaient pour les éviter.

A certains moments, dans les corps où cette singulière jurisprudence était le plus en faveur, un soldat désireux de faire punir un de ses supérieurs, n'avait qu'à se permettre très ostensiblement, en présence d'autorités plus élevées dans la hiérarchie que ce supérieur, quelque infraction aux prescriptions relatives à la tenue; il avait la quasi-certitude d'obtenir, sans risque pour lui-même, le résultat qu'il poursuivait.

Les faits de cette nature sont peut-être moins fréquents aujourd'hui que dans les années ayant suivi immédiatement la guerre contre l'Allemagne, mais ils se produisent encore quelquefois, témoignant du scepticisme des inférieurs à l'égard de la clairvoyance et de l'équité des supérieurs, autant que de leur aptitude à en exploiter les erreurs et les fautes.

De tels errements ne cesseront qu'après suppression des causes qui les ont rendus possibles. On n'y renoncera qu'après que l'idée de justice aura cessé d'être obscurcie par les sophismes à l'aide desquels des chefs pharisaïques ont cherché à dissimuler leur paresse, en donnant à leurs agissements égoïstes l'apparence d'être inspirés par le souci de contribuer avec plus d'efficacité au rétablissement et au maintien d'une bonne et sévère discipline.

Il est donc nécessaire que des règles plus précises obligent chaque détenteur de l'autorité à se donner quelque peine pour établir la part de responsabilité pouvant incomber à un gradé dans la faute commise par un homme de la fraction qu'il commande. Lui faire porter invariablement toute la responsabilité est un procédé commode assurément, mais dont les conséquences sont trop fâcheuses pour qu'il puisse être plus longtemps toléré.

Et, afin que ces règles ne soient pas facilement éludées lorsqu'il s'agit de sanction disciplinaire, il est à désirer qu'elles soient formulées de façon à ne pas permettre d'interprétations abusives, mais bien à donner à chaque gradé, en même temps qu'une claire notion de l'idée de justice dont il doit toujours s'inspirer, des préceptes précis pour le guider sûrement dans toutes les occasions où il aura à en tenir compte. Les prescriptions du Règlement sur le service intérieur, relatives à l'exercice du droit de punir, gagneraient à être complétées dans ce but.

Deux opinions ont cours dans l'armée concernant la répartition du travail.

La justice, proclament les uns, exige que le travail soit réparti entre tous aussi également que possible.

La meilleure exécution du service, répondent les autres, réclame qu'il soit tenu compte des aptitudes de chacun, et que l'on charge d'une tâche celui que l'on croit le plus capable de la bien accomplir.

Partant de ce dernier principe, dont l'application ne s'impose qu'autant qu'il s'agit de missions importantes et autres que celles incombant normalement à chacun, certains chefs surchargent sans mesure de besognes supplémentaires les subordonnés les plus capables à leur avis, tandis que ceux jugés l'être moins restent à demi oisifs et n'apportent que leur présence ou leur signature dans les services dont ils ne peuvent ni se dispenser ni être dispensés.

Il n'est ni juste ni bon que les uns s'usent à l'ouvrage pendant que les autres se rouillent à ne rien faire. Un des soins principaux du chef doit être d'occuper simultanément tout son personnel, d'éviter que les uns soient surmenés alors que d'autres jouiraient de loisirs qu'ils ne devraient qu'à leur réputation d'indolence ou de moindre capacité, ce qui ne serait d'ailleurs pas un moyen de les rendre plus zélés ou plus capables.

L'attribution des avantages et des récompenses à ceux qui les méritent le mieux doit, tout autant qu'une juste répartition du travail et du service, être l'objet d'une extrême attention de la part de ceux qui proposent les candidats et de ceux qui disposent des récompenses, s'ils tiennent à se garder des injustices qui, volontaires ou non, ne peuvent qu'être préjudiciables à leur autorité personnelle.

On ne saurait trop le répéter : l'injustice, en pareil cas, n'a pas seulement pour effet de faire lever les germes d'indiscipline latents dans l'âme des subordonnés les plus disposés à la soumission, elle supprime encore le stimulant qui rendait la plupart d'entre eux susceptibles de zèle et de dévouement,

V. — Prévoyance.

De toutes les qualités de commandement, la prévoyance est celle qui donne aux subordonnés l'idée la plus nette, en même temps que la plus exacte de la capacité professionnelle du chef.

L'ignorant le mieux doué ne saurait être prévoyant. Le débutant, qui naturellement ignore, ne peut donc être prévoyant. Mais il commence à le devenir du jour où il commence à savoir et à réfléchir.

C'est par l'étude et l'observation qu'on s'achemine à la prévoyance, par la réflexion qu'on y atteint, par l'expérience, la méthode et le jugement qu'on développe cette qualité, tout en rendant son acquisition définitive.

Les avantages qu'assure la prévoyance sont en raison directe de la portée d'esprit de ceux qui la possèdent et du rang qu'ils occupent dans la hiérarchie.

En campagne, la prévoyance des chefs est un des facteurs principaux du succès de leurs opérations. Si, seule, elle ne suffit pas à garantir l'avantage, elle préserve du moins des surprises et des revers irréparables.

Elle a encore pour effet de donner conscience des initiatives nécessaires et d'obliger ainsi à les prendre ceux que meut le sentiment du devoir.

La prévoyance étant une qualité que tout gradé peut et doit acquérir, il est juste que celui qui en a manqué dans une circonstance grave soit toujours jugé très sévèrement et porte la peine de son incapacité.

VI. — Esprit d'initiative.

L'esprit d'initiative, c'est-à-dire la disposition à agir de son propre mouvement, est une qualité assez peu commune dans l'armée, où, à côté de quelques recommandations éludables, faites pour y inviter, les règlements sont remplis de prescriptions formelles ayant les unes pour but et toutes pour effet d'en interdire jusqu'aux plus insignifiantes manifestations.

Néanmoins, en dépit des préventions hostiles que chacun y nourrit à l'endroit de l'initiative des autres, l'esprit d'initiative y est maintenant considéré comme tellement indispensable à la guerre que l'opinion unanime des militaires est, au moins en apparence, extrêmement favorable aux exhortations, encore vagues, molles et évasives, timidement faites pour en préparer et en encourager le développement.

Le jour où tous auront compris que les actes d'initiative, si souvent nécessaires à la guerre, ne sont pas autre chose que des actes d'obéissance anticipée aux ordres d'un chef auquel on ne se substitue mentalement que parce qu'il ne se trouve pas sur place, et qu'il y a urgence à faire ce qu'il commanderait vraisemblablement s'il était présent, peut-être se décidera-t-on, au lieu de la conseiller pour la forme, à prescrire l'initiative comme un devoir de même nature et tout aussi impérieux que l'obéissance au chef lorsqu'il est présent.

Ce que sera alors l'initiative utile et opportune de chacun, les définitions et règles qui suivent ont pour objet d'en donner une idée précise.

I. L'initiative, chez le militaire, prend deux caractères différents selon qu'il agit en qualité de chef ou en qualité de subordonné.

Dans le premier cas, l'initiative du chef est la qualité en vertu de laquelle il prend à temps, ou même d'avance, les résolutions propres à lui faciliter l'accomplissement de sa mission, au lieu d'attendre que les événements le contraignent à des décisions et à des actes précipités auxquels ni lui ni ceux qu'il commande n'ont été suffisamment préparés.

Les devoirs qu'elle lui impose consistent :

1° A prévoir les événements favorables ou fâcheux susceptibles de se produire, afin de savoir comment il profitera des uns, comment il triomphera des difficultés causées par les autres ;

2° A changer rapidement de but et de plan, s'il acquiert la conviction que des difficultés insurmontables lui enlèvent toute possibilité d'atteindre son objectif primitif ;

3° A parer, après réflexion prompte, sans retard ni

hésitation, à tous les accidents ou incidents imprévus qui toujours se produisent au cours des opérations et viennent perpétuellement en déranger ou entraver l'exécution.

Dans le second cas, l'initiative du subordonné est la qualité en vertu de laquelle il se décide à agir de lui-même, dès que son action immédiate devient utile ou nécessaire, et qu'il ne peut ni demander ni attendre les ordres que lui donnerait le chef dont il dépend, si ce chef était présent.

Les devoirs auxquels cette initiative l'oblige consistent :

1° A suppléer, quand il le faut, aux ordres du chef absent ou trop éloigné pour être consulté. A cet effet, se mettre mentalement à sa place et agir comme on présume qu'il aurait agi ;

2° A seconder de tout son pouvoir le chef présent. Dans ce but, se pénétrer profondément de ses ordres, en discerner nettement les motifs et les fins, les exécuter à fond dans tous leurs détails, en devinant tout ce qui peut y être omis ou sous-entendu ;

3° A prendre sur soi de modifier les prescriptions du chef quand il est évident qu'elles s'appliquent plus aux circonstances, devenues autres que celles prévues d'abord.

II. Ni le chef ni le subordonné ne peuvent, sans manquer à leur devoir, se dispenser des actes d'initiative commandés par l'intérêt général.

Pour que l'inférieur hésite moins à accomplir ce devoir, il est utile qu'il reçoive de son supérieur immédiat, en même temps que les ordres à exécuter, un aperçu de la situation, l'indication du but à atteindre et celle du rôle particulier assigné à sa personne ou à la fraction qu'il commande.

III. Le champ dans lequel s'exerce l'initiative d'un

militaire est proportionné à son grade et à l'importance de son commandement. Il est limité par les possibilités du moment, l'obligation de ne pas s'écarter des instructions reçues, l'interdiction d'agir contrairement à celles des intentions de l'autorité supérieure dont il lui a été donné connaissance.

IV. Afin de ne pas mettre d'entraves à l'initiative des subordonnés, de la faciliter, au contraire, les officiers de tous grades doivent admettre des dérogations à leurs ordres et instructions quand elles sont justifiées par des changements survenus dans la situation ayant motivé celles de leurs prescriptions devenues plus tard inexécutables.

Dans le même but, les instructions qu'ils donnent, en campagne, doivent être élastiques plutôt qu'étroites et impératives, et ne s'appliquer qu'à une période déterminée, à l'expiration de laquelle leurs auteurs les confirment pour une nouvelle période ou les modifient d'après les événements survenus ou les conditions changées.

VII. — Courage des responsabilités.

On cite et on admire les chefs ayant le courage des responsabilités qui leur incombent. C'est assez dire qu'ils sont en petit nombre.

Décliner une responsabilité, la rejeter forcément sur d'autres est devenu une habitude courante, un geste défensif, une parade contre la note défavorable.

Il ne peut guère en être autrement dans une hiérarchie où chacun est noté par ses supérieurs.

Ces notes sont le résumé et la résultante des impressions successives, favorables ou défavorables, que les actes et l'attitude de l'inférieur ont produit sur le supérieur. Comme elles peuvent influer sur toute la carrière, il est naturel que le premier cherche à effacer sur-le-champ de l'esprit du second toute impression qu'il croit susceptible de lui être nuisible.

Telle est la cause principale de cet empressement à fuir les responsabilités que l'on constate du plus bas au plus haut de l'échelle hiérarchique.

Le portrait mental que sont les notes d'un subordonné est esquissé, ébauché en nous par les premières impressions que nous recevons de lui. Chacune des impressions suivantes tend à le préciser en y ajoutant un trait, une touche. Le subordonné sait cela, il fait donc tout ce qu'il peut pour que le portrait soit ce qu'il désire, c'est-à-dire flatté, et son souci de rejeter les responsabilités préjudiciables est presque toujours égoïsme pur ; il s'y mêle rarement un sentiment malveillant à l'égard de ceux sur qui peuvent retomber les responsabilités qu'il cherche à éviter.

Un tel mobile est assurément peu louable, mais il est moins condamnable que le serait le dessein prémédité de nuire à des inférieurs qui, souvent, ne savent pas ou n'osent pas se défendre.

Le chef connu pour se dérober aux responsabilités est justement méprisé de ceux sur lesquels il les fait porter ; il perd sur eux toute autorité personnelle, et celle qu'il tire de son grade ou de sa situation n'est pas toujours suffisante pour assurer l'exécution de ses ordres équivoques qu'on le sait prêt à renier au moindre signe de désapprobation d'un chef plus élevé.

Car l'homme qui redoute les responsabilités en arrive vite à la mauvaise foi pour les esquiver ; il devient incapable de formuler des volontés précises ; ses ordres verbaux, à dessein diffus, prescrivent et interdisent tout à la fois ; ses ordres écrits sont pleins de réticences, de restrictions, d'échappatoires, de réserves, de subterfuges qu'il y introduit cauteleusement afin de pouvoir, en toute occurrence, y trouver le moyen de sortir indemne des conséquences fâcheuses pouvant résulter de leur exécution.

L'ambigüité de ses prescriptions est parfois telle que certains inférieurs font, en croyant lui obéir, le contraire de ce qu'il a entendu leur commander, tandis que d'autres désobéissent sciemment en feignant de se conformer à ses ordres.

Les précautions qu'il prend pour se mettre constamment à couvert n'échappent pas aux subordonnés pour qui elles ont un sens très clair et signifient : « De quelque façon que vous compreniez mes ordres, si l'exécution n'en convient pas à l'autorité supérieure, que le blâme retombe toujours sur vous et non sur moi ».

La soumission étant d'autant plus pénible que l'on professe moins d'estime pour le caractère de ceux à qui on la doit, les fuyards de responsabilités ne l'obtiennent que difficilement de leurs inférieurs. De ceux-ci, les uns se montrent dociles parce qu'ils ont encore le sentiment du devoir, et les autres parce qu'ils jugent qu'ils ont plus d'intérêt à se donner les apparences de la soumission qu'à refuser d'obéir. Seulement, dès qu'ils peuvent le faire sans risques pour eux-mêmes, ces derniers considèrent comme non avenus les ordres qu'ils reçoivent de chefs connus pour être experts en l'art de s'assurer contre les responsabilités.

Et comme il est indéniable que le sentiment du devoir tend à s'affaiblir, on peut en conclure que de pareils chefs seront de moins en moins obéis. La perte de leur autorité les punira d'avoir cru que la crainte des responsabilités était le commencement de la sagesse.

VIII. — Possession de soi-même.

La présence d'un chef qui se possède, aide ou ne nuit en rien à l'exécution de ses ordres ; celle d'un chef qui ne se possède pas est le plus grand obstacle qu'il puisse apporter à la bonne exécution des siens.

Dès qu'on commence à faire ce qu'il a prescrit, il ne peut s'empêcher d'intervenir aussitôt, avec l'intention de guider les exécutants et de faciliter leur tâche, mais il n'arrive jamais qu'à les gêner et les entraver. Il éprouve le besoin irrésistible de vouloir autre chose que ce qu'ils font et ne résiste pas à la tentation de les contrecarrer. Il s'emploie à les stimuler s'il trouve l'exécution trop lente à son gré, à les modérer si elle lui paraît trop rapide, mais il ne se résout jamais à les laisser agir en paix, car ne rien dire lui semble être le propre d'un chef fainéant, et il aime à s'entretenir dans l'illusion que c'est grâce à son infatigable activité que tout fonctionne et tout se fait.

Peu à peu il contracte l'habitude de s'irriter des moindres choses et de recourir sans cesse à l'objurgation et à la menace ; il croit remplir le plus important de ses devoirs en ne les ménageant pas à ses subordonnés.

Il en vient bientôt à pouvoir dire de lui-même comme le Moïse d'Alfred de Vigny :

> « Aussi, quand je parais, voilà qu'ils tremblent tous. »

Il est flatté de cette terreur qu'il inspire aux timides et croit qu'apparaître ainsi, l'œil en feu, la menace à la bouche, est la condition indispensable de son prestige, en même temps que la manifestation la plus éclatante et la plus éloquente de son autorité.

L'impression ressentie par les inférieurs n'est pourtant pas toujours celle qu'il s'imagine produire. Quand ils se sont habitués à lui, il n'apparaît prestigieux et redoutable qu'aux yeux du petit nombre des naïfs chez qui subsiste encore un reste de candeur. Les autres ont appris à voir en lui ce qu'il est plus réellement, à savoir un agité, un brouillon, dont la présence apporte infailliblement le trouble et l'incertitude, paralyse les bonnes volontés des uns et provoque les mauvaises dispositions des autres.

Aux supérieurs qui ne sont que bruyants, importuns et tracassiers, on se borne à opposer la force d'inertie. Contre ceux qui, en outre, se montrent tyranniques et malveillants, les subordonnés emploient sournoisement tous les moyens pour rendre défectueuse l'exécution de leurs ordres et nuire sans trêve à leur réputation.

Si des officiers animés du feu sacré, payant largement de leur personne, n'obtiennent, dans l'instruction et la conduite de leur troupe, que des résultats à peine équivalents, quelquefois même inférieurs à ceux obtenus par des collègues moins zélés, c'est ordinairement parce qu'ils ne sont pas maîtres d'eux, qu'ils s'irritent des moindres imperfections, et que leur irritation se traduit en observations trop véhémentes irritant à leur tour ceux à qui elles sont adressées, et leur enlevant souvent le désir et le goût de bien faire.

Pour parvenir à la possession de soi-même, le militaire français n'a pas seulement à réprimer la vivacité de son tempérament, il doit encore lutter contre les idées reçues dans le milieu où il vit.

Il est en effet de tradition dans l'armée qu'un gradé, soucieux de ne pas donner prise au reproche de commander mollement, doit réprimander sur-le-champ, publiquement, avec grand bruit et grand fracas, tout subordonné qui se rend coupable de la plus légère étourderie, de la plus insignifiante méprise. Pour la moindre négligence, une maladresse, une distraction, un rien, l'inférieur est vitupéré en termes dont l'énergie exclut trop souvent l'urbanité. Aussi, s'y commet-il journellement d'innombrables bévues qui n'ont d'autre cause que le trouble jeté dans les esprits par l'appréhension constante de s'attirer quelqu'une de ces vertes semonces.

On a commencé à réagir contre cette tradition, et la

plupart des officiers actuels témoignent de plus de calme que leurs devanciers, mais il reste encore beaucoup à faire à nombre d'entre eux avant d'atteindre à cette pleine possession de soi, jadis si dédaignée, et pourtant si nécessaire.

IX. — Sollicitude à l'égard des subordonnés.

La sollicitude à l'égard des subordonnés est un devoir de justice et une obligation professionnelle plutôt qu'une qualité de commandement.

Mais l'opinion égarée lui attribue aujourd'hui une importance si exagérée, en fait si inconsidérément la qualité maîtresse du chef, qu'il n'est pas inutile d'examiner ce qu'il est bon qu'elle soit, et de reconnaître s'il ne convient pas de réagir contre l'étalage qu'en font maintenant beaucoup d'officiers, les uns par calcul, les autres par esprit d'imitation sans arrière-pensée égoïste.

De tout temps, les officiers se sont crus obligés, par conscience autant que par devoir d'état, de prendre souci des besoins et des intérêts de leurs soldats. Seulement, tandis que ceux d'autrefois agissaient sans tant discourir, ceux d'aujourd'hui tiennent avant tout à ne rien laisser ignorer aux inférieurs et au public de ce qu'ils font ou ont l'intention de faire pour s'acquitter de ce devoir que, de bonne foi, certains croient être les premiers à s'imposer et à accomplir de leur propre mouvement.

La sollicitude pour le bien-être du soldat n'est affichée que depuis que les politiciens ont vu en elle un moyen de se concilier l'électeur de demain qu'est l'homme momentanément retenu sous les drapeaux.

Des officiers pressés d'arriver, intéressés par conséquent à se rendre favorables les hommes politiques ayant quelque influence sur les dispensateurs de l'avancement, n'ont trouvé rien de mieux que d'abonder très ostensiblement dans le sens de ceux dont ils se proposaient d'obtenir l'appui. Ils ont donné le branle, et les autres officiers, pour ne pas s'exposer au reproche de s'occuper moins de leurs subordonnés, ont été bientôt entraînés par l'exemple. Chacun s'est alors appliqué, avec une émulation un peu niaise et factice, à surenchérir sur le voisin et à faire parade d'une sollicitude poussée encore plus loin.

C'est ainsi qu'il est devenu de mode, dans l'armée, de se livrer à des démonstrations de sollicitude autant que, dans le monde du XVIIIe siècle, il l'a été jadis de faire à tout propos montre d'un cœur sensible.

Soumis au régime émollient dont ces démonstrations font une nécessité, les soldats, tels des enfants gâtés, ne s'en montrent que plus exigeants et plus prompts à se plaindre. Sachant déjà quels égards, quels ménagements leur vaudra bientôt, de la part des coureurs de mandats, leur qualité prochaine d'électeurs, ils trouvent tout naturel que leurs chefs en usent envers eux ainsi qu'en useraient des candidats en quête de suffrages; ils ne se déclarent jamais satisfaits.

Ils ne sont d'ailleurs pas sans soupçonner que la véritable sollicitude doit consister en actes plutôt qu'en cet hymne que chantent perpétuellement à leur propre louange les officiers qui s'en targuent. L'homme de troupe peut ne pas se montrer indifférent à des actes dont il profite; l'hymne ne l'émeut point, et il ne se laisse jamais prendre longtemps à ces témoignages purement verbaux que lui prodiguent certains de ses supérieurs, afin de le bien convaincre du vif intérêt qu'ils lui portent. Seulement, il est assez matois pour tirer parti de ces démonstrations qui ne modifient en rien ses sentiments et ne l'abusent guère sur ceux qui les font.

La sollicitude du chef pour ceux qu'il commande, devoir essentiel de sa charge, doit être constante, active et méthodique; il n'y saurait manquer sans préjudice pour lui-même et pour son autorité. Il n'importe pas qu'elle soit ostensible et déclamatoire; si elle reste discrète et silencieuse, elle n'en sera certainement pas moins appréciée.

Matériellement, le champ dans lequel peut s'exercer cette sollicitude a des bornes étroites, car il est circonscrit par les moyens mis, avec la plus extrême parcimonie, à la disposition de l'officier pour satisfaire aux besoins de sa troupe. Ces moyens si restreints ne doivent donc être employés qu'à la satisfaction de besoins réels, et ceux-là comprennent mal leurs devoirs qui, sacrifiant à la mode, en consacrent une partie à des dépenses n'ayant pas pour objet d'entretenir leurs soldats en vigueur et en santé, mais bien pour effet de les rendre plus exigeants en leur donnant des besoins que la plupart n'avaient pas, et en les habituant à un confort incompatible avec les conditions du service militaire ailleurs qu'en garnison.

CHAPITRE III

La Subordination.

I. — Sa corrélation avec l'autorité.

Autorité et subordination sont inséparables. L'une n'existe pas sans l'autre dont elle est le contraire. Par conséquent, beaucoup de ce qui a été dit précédemment au sujet de la première pourrait être répété, sous formes de réciproques s'appliquant à la seconde.

Mais, pour le lecteur, à qui la vérité de ces réciproques n'a pu échapper, une telle répétition serait superflue. Il suffira donc, en traitant de la subordination, d'appeler son attention sur ce qui n'en a pas encore été dit.

La subordination d'une part, l'autorité de l'autre, sont les conditions nécessaires de l'organisation et de l'existence des sociétés, les deux pôles de l'axe autour duquel chaque association évolue et évoluera indéfiniment.

Il n'y a pas de corrélation plus étroite que celle qui relie l'autorité et la subordination; en acceptant ou en instituant la première, les hommes ont expressément créé et accepté la seconde.

Il se fait ainsi que leur liberté individuelle est maintenant restreinte par un contrat préexistant — le plus souvent tacite, mais quelquefois formel — sur lequel est fondé le droit de chacun à participer aux bénéfices de l'association où il est né, sous condition de participer aux charges correspondantes. Notre subordination à une autorité publique est le prix des avantages que nous promet ce contrat.

Il s'ensuit que l'homme est d'autant plus dépendant qu'il appartient à une société dont le degré de civilisation plus avancé lui vaut plus de facilités et de commodités d'existence, de sécurité et d'agréments de toute nature.

De cette dépendance découle pour lui l'obligation de faire deux parts de sa vie :

Une première, la vie privée, où il agit librement et spontanément ;

Une seconde, la vie publique ou sociale, où il accomplit des actes prévus par les statuts ou commandés par les dirigeants de l'association dont il est un des bénéficiaires.

Dans cette seconde part de sa vie, réservée aux actes sociaux, il doit obéissance à ceux qui ont charge d'assurer l'exécution des lois, décrets, décisions des gouvernants, mais seulement en tant qu'il s'agit du bien public et de l'observation des prescriptions légales ou légalement édictées pour régler les rapports des individus avec la collectivité-État ou ceux des individus entre eux.

II. — La répugnance actuelle à la soumission.

Le devoir d'obéissance, conséquence de la dépendance — présumée consentie — de l'individu, coûte toujours à remplir, qu'il consiste à payer de sa personne ou de son temps ou de son argent.

Aussi, beaucoup cherchent-ils à l'éluder par la ruse et la fraude, souvent ignorées et impunies, plutôt qu'à s'y soustraire par la rébellion déclarée qui leur ferait courir des risques plus grands.

Jadis, quand la durée du service actif était de sept

ou de cinq ans, les recrues arrivaient au régiment avec la virile attitude de gens sachant qu'ils ont de dures obligations à remplir, mais bien décidés à s'en acquitter consciencieusement et allégrement.

Maintenant, malgré que la durée du service actif ait été réduite à trois puis à deux ans, les jeunes soldats s'y présentent penauds, dolents et revêches, comme s'ils venaient y subir une condamnation.

Cette différence d'attitude, si caractéristique, n'a pas d'autre cause que la différence entre l'éducation patriotique que recevaient les générations d'il y a vingt ans et plus, et l'éducation antipatriotique que reçoivent celles d'aujourd'hui.

Il ne faut donc pas s'étonner si, actuellement, l'obéissance est difficile à obtenir dans l'armée, plus peut-être que partout ailleurs.

En effet, dans le monde civil, l'ouvrier, l'employé et le fonctionnaire n'ignorent pas que, s'ils désobéissent, ils sont exposés à être remerciés ou révoqués, et à se trouver ainsi privés pour quelque temps du travail ou de l'emploi dont ils tirent leurs moyens d'existence.

Dans l'armée, le soldat désobéissant n'a rien de pareil à craindre ; il peut bien encourir une punition, mais sa vie matérielle — et pour un grand nombre, il n'y a guère que cela qui compte — n'en reste pas moins assurée.

Si donc il est assez adroit pour donner à sa non-obéissance le caractère clandestin destiné à lui éviter la punition, sa conscience ne lui reprochant rien, il a tout intérêt à ne pas obéir. Après quelques mois de présence sous les drapeaux, instruit par les exemples et les propos des soldats plus anciens, il n'hésite plus à se modeler sur eux. Dès lors, il n'obéit guère que lorsqu'il s'y sent forcé.

Au régiment, où il n'est qu'un passant et où il ne s'intéresse à rien, puisque cela ne peut rien lui rapporter, l'appelé se soumet, parce qu'il ne peut faire autrement, à la loi qui lui impose le service militaire, mais il n'a qu'une pensée : en faire le moins possible en attendant le jour de sa libération. Pour obtenir de lui un minimum d'attention aux séances d'instruction, un minimum de conscience dans l'accomplissement d'un devoir, il faut de la part de ses chefs un effort de volonté sans cesse réitéré. Et si des gradés ne sont pas capables de cette continuité dans l'effort, il se dispense aussitôt de continuité dans la soumission qu'il leur doit.

III. — Moyens d'obtenir l'obéissance.

Les individus dont se compose un groupe organisé ne sont pas tous également disposés à la soumission. Leur chef commun éprouve plus de difficultés pour y réduire les uns qu'il n'en éprouve à se faire obéir des autres.

Il doit donc s'attacher à connaître si bien les dispositions habituelles et les variations de chacun d'eux, qu'il soit constamment éclairé sur le concours ou la résistance qu'il doit en attendre, et sache par quels moyens il parviendra à se faire d'utiles auxiliaires de ceux qui répugnent le plus à le seconder.

Son action sur chacun de ses subordonnés dépendra, dans une assez large mesure, de la connaissance psychologique qu'il en aura acquise.

L'homme n'est pas toujours identique à lui-même ; il n'est pas, aux divers moments de son existence, également préparé à la soumission ; dans le cours d'une journée, ses dispositions peuvent même varier d'un extrême à l'autre sous l'influence des sentiments ou des émotions qu'il ressent.

C'est pourquoi il importe que le supérieur sache discerner les fluctuations que subissent les dispositions des inférieurs et se rende apte à en pénétrer les causes, car c'est en agissant sur ces causes, autant qu'il est en son pouvoir de le faire, qu'il peut réussir à rendre meilleures des dispositions qui ne sont pas bonnes et à maintenir bonnes celles qui le sont déjà.

Il obtiendra d'autant plus complètement ce résultat qu'il oubliera moins quelles influences agissent d'ordinaire sur les hommes, tantôt pour les déterminer à faire ce qui leur est ordonné, tantôt pour les dissuader d'obéir.

S'il veut être sûr de se le rappeler, il est essentiel qu'il se pénètre des remarques, réflexions et aphorismes suivants, lesquels condensent les nombreuses observations faites pour s'éclairer sur les dispositions intimes des subordonnés en général, des soldats en particulier, et résument en même temps les principales règles à appliquer pour que l'autorité tire de l'obéissance qui lui est due, sinon tous les effets que, théoriquement, il est logique d'en espérer, du moins tous ceux que, pratiquement, il est possible d'en obtenir.

I. L'homme ne naît pas enclin à la soumission. Au contraire, et d'instinct, il est naturellement insubordonné. C'est par l'éducation qu'il est rendu apte à l'obéissance.

La première éducation, celle qu'il reçoit d'abord, dès que commence à s'affirmer sa personnalité de tout petit enfant, consiste uniquement en contrainte exercée sur sa personne pour l'obliger à faire les actes que l'on veut obtenir de lui ou à s'abstenir de ceux qu'on lui interdit.

Aussitôt que l'enfant peut comprendre, on lui fait connaître, sans cesser de le contraindre, pour quels motifs il doit obéir. On l'amène ainsi à se plier de lui-même à la nécessité, tant par raison que par la crainte du châtiment.

A mesure que son intelligence et son jugement se développent, la notion du devoir se grave plus profondément en son esprit, ce qui rend la contrainte moins indispensable et la persuasion plus efficace.

Devenu adulte, il continue à obéir par habitude et par intérêt, mais il n'est pas inutile qu'il entrevoie toujours la sanction dont il serait menacé en cas d'insoumission, car il est peu d'hommes qui soient constamment dociles aux conseils de la raison, surtout lorsque celle-ci n'est pas appuyée par la force.

Le nombre de ceux qui obéissent sans autre mobile que de faire leur devoir est extrêmement restreint et le devient de jour en jour davantage.

II. La soumission est un sentiment qui se traduit en acte par l'obéissance.

Quand l'éducation donnée dans la famille et à l'école a été bonne et efficace, l'enfant a reconnu dès son plus jeune âge la nécessité de la soumission et s'est plié de bonne heure à l'obéissance. Devenu homme, il n'éprouve pas le besoin de s'insurger contre les ordres qu'il reçoit ; il les tient d'abord pour légitimes et fondés, et il s'y conforme dès que vient le moment de les exécuter. Si, après examen, il croit constater qu'ils sont illégaux ou arbitraires, il ne s'insurge pas davantage, mais proteste par les moyens de droit contre l'abus d'autorité dont il juge avoir à se plaindre.

Malheureusement, les sujets ayant reçu une telle éducation se font rares en France, où augmente d'année en année le contingent de ceux n'ayant aucune notion du devoir ou ayant reçu une éducation subversive, plus propre à en faire des anarchistes que des citoyens.

Dans la famille, c'est trop souvent l'enfant qui impose sa volonté aux parents au lieu de leur obéir.

A l'école, l'instituteur et le professeur travaillent plutôt à développer qu'à refréner les instincts anarchiques des enfants confiés à leurs soins. Si, par exception, quelques-uns tentent de les discipliner, les leçons contraires que donne à leurs élèves le spectacle de la vie enlèvent à leur enseignement la majeure partie de son efficacité.

Pour toute éducation, les trois quarts au moins des enfants, dans les grandes villes principalement, entendent de mauvais propos et voient de mauvais exemples. A l'âge où ils sont appelés sous les drapeaux, bon nombre ne savent pas ou ne savent plus faire de distinction entre le bien et le mal ; la plupart tirent vanité de ce qui devrait les faire rougir de honte, c'est-à-dire de leur grossièreté, de leur immoralité, de leur ivrognerie, de tous leurs mauvais instincts.

A son arrivée au corps, le jeune campagnard est encore plus timide, plus disposé à l'humilité que le jeune citadin, mais il tend à s'en rapprocher de plus en plus ; car il s'en laisse imposer par le bagout de l'homme des villes et s'imagine qu'il n'a rien de mieux à faire que de se modeler sur lui.

Il est incontestable que les jeunes gens appelés au service militaire y arrivent de moins en moins préparés aux soumissions nécessaires. L'éducation destinée à les y décider est tout entière à faire, mais pour la tenter avec quelques chances de succès, il faut s'attacher d'abord à effacer de leur esprit les préjugés contraires à la subordination que leur a donnés l'éducation à rebours qu'ils ont reçue tant de leurs parents et instituteurs que des scènes de la vie courante dont ils ont été les acteurs ou les témoins.

III. Les hommes, sous le rapport de l'obéissance, peuvent être classés en trois grandes catégories :

La première comprend ceux, peu nombreux, qui obéissent par devoir et par raison, parce qu'ils reconnaissent la nécessité de se soumettre à la loi et, subsidiairement, aux autorités constituées pour en assurer l'exécution.

Imbus des principes d'ordre et de discipline, ils n'hésitent ni à incliner leurs idées personnelles devant la volonté exprimée du supérieur, ni à le seconder de bon gré dans tout ce qu'il leur ordonne.

Les subordonnés composant cette élite sont des auxiliaires précieux pour le chef, dont ils allègent notablement la tâche, car il n'a point à peser constamment sur leur volonté pour les obliger à faire ce qu'il a commandé. Il leur suffit d'avoir reçu ses ordres pour que, sans y être autrement contraints, ils effectuent, au moment voulu, les actes exigés d'eux.

La deuxième catégorie comprend le grand nombre de ceux qui, sachant qu'ils y seraient obligés par force s'ils ne s'y résignaient pas de bonne volonté, obéissent aussi par raison, mais moins par devoir que pour ne pas s'exposer à des sanctions qui leur seraient plus pénibles que l'obéissance.

S'ils se conforment volontiers aux ordres concordant avec leurs propres vues, ils mettent moins d'empressement à exécuter ceux qui leur imposent des obligations ne leur agréant que peu ou point.

Parmi eux, certains sont observateurs attentifs des supérieurs qui les commandent. Ils obéissent quand ils savent que leur chef veillera à l'exécution de ce qu'il a prescrit; ils agissent à leur guise s'ils croient que le chef, une fois son ordre formulé, ne s'astreindra pas à en surveiller de près l'exécution.

Chez tous, la voix de l'intérêt, quand elle n'est pas seule à parler, est toujours plus écoutée que celle du devoir. Aussi, doit-on compter que la plupart s'abstiendront d'obéir lorsqu'ils auront l'espoir que leur désobéissance passera inaperçue.

Il faut voir en eux des joueurs toujours disposés à tricher ou des révoltés latents prêts à passer à la révolte ouverte le jour où les moyens de contrainte viendraient à faire défaut à leurs chefs. La défiance et une surveillance vigilante sont de règle à leur égard.

La troisième catégorie est composée des instinctifs, de tous ceux qui ne raisonnent pas leur obéissance, mais se soumettent de gré ou de force sans éprouver le besoin de savoir pourquoi.

Aux uns la soumission est facile ; ils y inclinent par atavisme, par tradition, par dévouement à des chefs sympathiques; il ne leur semble pas qu'il soit possible de s'y refuser.

Aux autres, à qui elle est pénible, elle est imposée par la crainte du châtiment aussi longtemps que celui-ci leur paraît inévitable en cas de désobéissance. Ces derniers sont toujours prêts à la rébellion; ils s'y décident promptement lorsqu'elle leur est conseillée, et surtout si elle paraît devoir rester impunie.

Les hommes à qui la soumission semble naturelle et facile ont été nombreux autrefois ; ils le sont moins aujourd'hui; dans un avenir prochain, s'il en subsiste encore, on les considérera comme de curieuses exceptions. Au contraire, ceux qui s'y montrent réfractaires et ne cèdent qu'à la force deviennent de jour en jour plus nombreux.

Les premiers sont des subordonnés de tout repos dont les chefs n'ont qu'à s'attirer et à conserver la confiance. Les seconds sont une cause de perpétuels soucis pour leurs dirigeants, qui, s'ils ne parviennent pas à les modifier et à les rendre capables de soumission volontaire et consentie, ne doivent compter sur leur obéissance qu'autant qu'ils sont en état de la leur imposer par des moyens de rigueur.

IV. Le soldat français du XXe siècle se soumet de mauvaise grâce et n'obéit que s'il y est contraint.

Dès qu'un ordre est notifié à une troupe, on peut constater que ceux à qui il ne convient pas — et c'est toujours le plus grand nombre — ne résistent pas à la tentation de le déclarer aussitôt absurde ou tout au moins injustifié. Cela dit, comme il ne leur en coûte pas de se montrer inconséquents, ils font, en maugréant, ce qui leur a été prescrit.

Il est d'ailleurs à remarquer que fort peu prennent la peine de réfléchir un instant sur cet ordre afin de le comprendre entièrement, d'en saisir exactement le sens, la portée, la cause et l'objet. Il suffit aux autres de penser au dérangement ou à la fatigue devant résulter de son exécution pour donner cours à leur besoin de toujours critiquer, sans raison ni mesure, les moindres actes de ceux dont ils ont à subir l'autorité.

De telles dispositions n'étonneraient que si l'on oubliait que les jeunes Français, déjà frondeurs par instinct, ont été habitués par les enseignements de la famille, de l'école, du journal, de l'atelier, du syndicat professionnel, par les déclarations retentissantes de politiciens devenus plus tard des gouvernants, à considérer le service militaire comme une servitude dont d'autres qu'eux sont les bénéficiaires. Ils ne s'y résignent donc qu'à contre-cœur, par crainte du pire, et voient naturellement dans leurs chefs les despotes et les tortionnaires que la population, devenue antimilitariste depuis que le service militaire est obligatoire pour tous, trouve avantage à les accuser d'être.

Quoi qu'on puisse leur dire après leur arrivée au régiment, la plupart se refusent toujours, en leur for intérieur, à admettre que les obligations auxquelles ils sont assujettis soient nécessaires et équitables. Ils ne pensent qu'à s'en affranchir, et, dès qu'ils croient pouvoir le faire sans s'exposer à une punition, leur premier mouvement est de le tenter.

Les vieux officiers, qui ont connu jadis des soldats animés d'un meilleur esprit, ont eu peine à se rendre à cette évidence. Les jeunes officiers, que leur âge prédispose encore à l'optimisme, constatent journellement des actes d'indiscipline sans s'appliquer à en pénétrer les causes profondes; ils les attribuent exclusivement aux faits particuliers paraissant les avoir déterminés, sans soupçonner que des causes plus générales ont créé et entretiennent l'état d'esprit qui pousse à ces actes et les rend de plus en plus fréquents.

Dans l'armée, autant qu'ailleurs, l'insubordination est maintenant partout. De ce qu'elle reste ordinairement latente et ne se manifeste ouvertement que par intermittence, les superficiels et ceux qui, de parti pris, méconnaissent la réalité lorsqu'elle leur semble fâcheuse, peuvent seuls en inférer que des faits isolés d'indiscipline n'infirment en rien la soumission de l'ensemble. Les autres, ceux qui ne se refusent pas à la constatation de la vérité, même quand elle leur est déplaisante, savent que l'état d'esprit est à peu près identique dans tous les corps de l'armée, que l'occasion fait le mutin, ainsi qu'elle fait le larron, et qu'ils ne peuvent pas plus compter sur l'obéissance des soldats en des circonstances difficiles que sur la stabilité de grains de sable exposés au souffle de la tempête.

S'ils veulent obtenir, autrement que par la contrainte, la soumission de leurs subordonnés, les gradés doivent entreprendre, à l'arrivée des jeunes soldats sous les drapeaux, un véritable apostolat pour les convertir à l'obéissance qui, dans les milieux où ils ont jusqu'alors vécu, leur a été présentée comme une duperie, une servitude illégitime à laquelle il ne faut se résoudre que si l'on y est forcé, et parce qu'entre plusieurs maux l'intérêt commande de choisir le moindre.

V. La subordination fatigue.

Il ne faut donc pas lasser inutilement les inférieurs en leur commandant chaque fois les besognes journalières ou périodiques qu'ils se sont accoutumés à faire d'eux-mêmes, et dont l'accomplissement leur coûte d'autant moins qu'ils n'ont plus conscience d'obéir en les exécutant.

On ne doit commander, donner des ordres, que lorsqu'il est nécessaire de le faire, car une injonction formelle rappelle sa dépendance à celui à qui elle est faite, tandis que, passée à l'état d'habitude, l'obéissance lui est légère.

VI. L'obéissance à délai paraît, à beaucoup, moins pénible que l'obéissance immédiate.

Cela sans doute parce que cette dernière est rarement sans déranger les projets d'emploi de leur temps qu'avaient formés ceux de qui elle est exigée, tandis que la première leur laisse le loisir de se préparer à l'acte commandé et de se familiariser avec l'idée de ce qu'ils ont à faire pour obéir.

Quand un ordre ne doit pas être tenu secret jusqu'au moment de son exécution, il est donc avantageux de le donner un peu d'avance, dès qu'on se croit certain de n'avoir rien à y changer.

VII. Si l'on inculque à ceux dont on a le commandement une notion exacte de ce que doit être la soumission exigée d'eux, si l'on parvient à leur faire comprendre pourquoi est obligatoire leur obéissance et condamnable le refus qu'ils en feraient, on ne tarde pas à en ramener un certain nombre à une appréciation de leurs devoirs beaucoup plus juste que celle qu'ils s'en étaient faite jusqu'alors, au hasard de leurs impressions, ou sous l'influence des propagateurs d'idées subversives, lesquels ne prêchent la révolte contre les autorités établies qu'afin de parvenir plus rapidement à se substituer à elles.

Il importe donc que les officiers apportent beaucoup d'attention et de soins à éclairer leurs soldats sur la nécessité et la légitimité des obligations qui leur sont imposées, à leur démontrer, par les exemples dont ils ont pu être les témoins ou par des exemples historiques, les conséquences funestes de l'insubordination et de l'anarchie. Mieux ils s'acquitteront de cette tâche et plus seront nombreux les hommes consentant à leur obéir sans y être contraints.

VIII. La qualité de l'obéissance en fait le prix, car il est bien des manières d'obéir, depuis l'obéissance active, dévouée, qui n'a d'autre but que d'entrer aussi complètement que possible dans les vues des chefs, jusqu'à l'obéissance maussade, à contre-cœur, dont certains réussissent à faire une désobéissance véritable, tant ils s'appliquent, par une interprétation trop littérale ou volontairement erronée des ordres du chef, à traverser ses desseins et à faire surgir les difficultés et les obstacles de nature à l'empêcher d'atteindre son but.

IX. Le Français trouve pénible d'obéir à qui a le droit de lui commander.

Par contre, il se laisse souvent mener, avec la plus déplorable facilité, par le premier venu cherchant à se faire de lui un instrument.

Sourd aux exhortations de qui lui conseille la soumission à l'autorité et à la loi, il est d'ordinaire prêt à donner sa confiance, voir même son concours, à qui lui prêche l'insubordination et la destruction de l'ordre établi.

Aussi, depuis longtemps, en France, exciter à la révolte est devenu pour beaucoup un métier des plus lucratifs, car c'est le moyen le plus sûr d'acquérir vite crédit et influence, et de les monnayer ensuite en s'ouvrant, par leur emploi, l'accès des situations largement rémunérées.

X. Pour être pleinement efficace, l'obéissance devrait être active, éclairée et dévouée.

Seulement, comme elle est exigée de gens dont la plupart ne savent pas, ne comprennent pas, et ne se soucient d'ailleurs ni de savoir ni de comprendre pourquoi il est nécessaire qu'ils obéissent, il serait chimérique de croire qu'il soit possible de les éclairer tous.

Il ne serait pas moins utopique d'espérer que l'on peut

inspirer à tous du dévouement pour l'être collectif appelé *Nation*, alors que la plupart ont été élevés dans le culte exclusif de l'intérêt personnel. Leur bien-être matériel est le seul but qu'ils poursuivent en s'aidant de la solidarité et de l'intérêt de classe comme moyens transitoires d'y parvenir.

Devant l'impossibilité de rendre éclairés et dévoués des sujets qui s'y refusent et trouvent leur compte à n'être ni l'un ni l'autre, il faut se borner à n'exiger du plus grand nombre que l'exécution entière, stricte, passive, des ordres donnés, exécution qui ne les rend en rien responsables des conséquences de ces ordres.

Mais ce serait une faute que de vouloir le même caractère de passivité dans l'obéissance de ceux qui, à un degré quelconque, et souvent à distance, sont appelés à commander en sous-ordre et à assumer leur part de responsabilité.

C'est, en partie, parce qu'une subordination trop étroite était de rigueur dans l'armée française, à tous les échelons de la hiérarchie, que cette armée s'est montrée si remarquablement inerte et passive en 1870.

Une trop longue habitude de l'obéissance passive atrophie les qualités de commandement. C'est pourquoi cette forme inférieure de l'obéissance ne doit pas être imposée aux militaires qui ont à la fois à obéir et à commander, mais seulement aux soldats qui n'ont et n'auront jamais d'autre rôle que celui d'obéir.

Au surplus, ce serait s'abuser que de prendre dans un sens trop absolu l'expression « obéissance passive », car il est douteux qu'un homme abdique assez complètement sa personnalité pour que son obéissance revête, à ses propres yeux, ce caractère de passivité que croient y reconnaître les autres, empêchés d'en juger autrement que sur des apparences.

Souvent, l'obéissance que l'on croit passive ne l'est pas

en réalité; elle peut masquer l'opposition dissimulée mais tenace; elle n'est pas incompatible avec la résistance par la force d'inertie.

C'est en feignant d'obéir littéralement et passivement que des indisciplinés sournois réussissent parfois, sans s'exposer au reproche d'indocilité, à faire, sinon le contraire de ce qui leur a été commandé, du moins autre chose que ce qu'on attendait d'eux.

Que l'obéissance soit passive, cela n'importe nullement. Mais il importe — et on doit s'efforcer de l'obtenir — qu'elle soit réelle, entière, ponctuelle, sans arrière-pensée de résistance ou d'opposition.

On se contente de l'obéissance passive faute de mieux, comme pis-aller, parce qu'on ne peut espérer de tous une obéissance active, éclairée et dévouée. Ce serait une erreur de croire qu'elle doit être recherchée et préférée comme étant de meilleur aloi que l'obéissance raisonnée.

XI. Dans le service militaire, et plus particulièrement en campagne ou pendant les périodes de manœuvres, il est indispensable que l'obéissance soit caractérisée par une extrême ponctualité.

Il est certains ordres, notamment ceux relatifs aux mouvements, dont il importe de ne commencer l'exécution qu'au lieu, à la date et à l'heure déterminés.

Agir autrement serait s'exposer à des fatigues, à des dangers ou des mécomptes dont on ne peut être préservé que grâce à la parfaite coordination de tous les mouvements prescrits par le commandement supérieur.

Si les uns devancent, si les autres retardent le moment de la mise en mouvement ou s'ils ne la font pas au lieu indiqué, il est évident que cette coordination n'existe plus. Tous les inconvénients qu'elle avait pour objet de prévenir peuvent alors se produire, et la plupart se produisent presque infailliblement.

D'autres ordres ne sont exécutoires que postérieurement à la survenue d'un événement prévu.

Dans le but de gagner du temps, en commencer l'exécution avant que cette condition soit remplie, ne peut qu'être inutile ou nuisible, car il se fait parfois que l'événement ne survient pas.

Ou s'il survient, c'est après que la situation a été changée par l'exécution prématurée et inopportune de l'ordre qui avait été donné en prévision d'une situation différente.

Enfin, il est des ordres dont l'exécution immédiate ne doit pas être différée, si ce n'est en cas de force majeure, lorsqu'elle est rendue impossible par des empêchements ignorés des auteurs de ces ordres.

Il est encore permis de surseoir à cette exécution quand un délai est indispensable pour la préparer et qu'on a la certitude que ce délai ne peut avoir qu'une influence favorable sur la suite des opérations.

En principe, l'exécutant doit toujours se dire que le commandement a eu de bonnes raisons pour prescrire le moment précis où doit commencer l'exécution.

Si un délai est laissé entre la notification de l'ordre et le premier acte de l'exécution, il est destiné d'ordinaire à rendre meilleure et plus complète la préparation des exécutants, et non à leur permettre de devancer l'heure de l'action.

Ce délai donne en même temps à l'autorité supérieure la possibilité de modifier ses ordres primitifs si, pendant qu'il court, elle apprend que certaines de ses prescriptions ne correspondent plus aux nécessités d'une situation qui s'est modifiée depuis l'envoi desdits ordres.

CHAPITRE IV

Qualités de subordination.

Il est des dispositions d'esprit, des sentiments, des croyances, des habitudes, qui préparent efficacement les hommes aux soumissions que leur organisation en sociétés rend indispensables.

Les principales de ces qualités de subordination sont : la docilité, l'humilité, le sentiment du devoir, l'abnégation, le patriotisme, les croyances religieuses, la moralité, la tempérance.

Quiconque a une part d'autorité à exercer doit savoir de quelle aide peuvent lui être de telles qualités chez ses subordonnés, par quels moyens il parviendra à les donner à ceux qui ne les ont pas, à les entretenir ou à les développer chez ceux qui les ont déjà, comment enfin il les fera contribuer à la meilleure exécution de tous ses ordres.

Son devoir et son intérêt se combinent pour lui faire, de l'acquisition de cette connaissance et de sa constante application, une nécessité à laquelle il ne peut se soustraire, car le temps n'est plus où, préparés par leur éducation première, les hommes se résignaient sans difficulté à obéir aux autorités instituées pour obtenir de chacun d'eux l'accomplissement de toutes les obligations prescrites par les lois.

I. — Docilité.

Il en est de la docilité comme des autres qualités ou vertus : elle est répartie très inégalement entre les humains.

Cette disposition naturelle à se laisser instruire et conduire existe, mais à des degrés divers chez tous les enfants ; c'est grâce à elle qu'ils acquièrent assez vite leurs premières notions de toutes choses: c'est parce qu'elle n'est pas toujours suffisante qu'ils tombent quelquefois dans un des nombreux dangers auxquels les exposent leur ignorance et leur inexpérience originelles.

Instinctive autant qu'indispensable pendant nos premières années, la docilité, après avoir rendu à l'enfant les plus grands services, ne subsiste chez l'adulte qu'en s'amoindrissant avec l'âge, qu'en s'épuisant peu à peu à mesure que chacun apprend à se conduire lui-même et que devient moindre le besoin d'être conseillé et guidé. Quelques natures confiantes restent perpétuellement dociles ; de bonne heure, les natures rétives cessent de l'être.

A l'âge où ils sont appelés sous les drapeaux, les jeunes gens sont encore susceptibles de docilité. Toutefois, cette docilité n'est déjà plus entière ; on s'aperçoit vite qu'elle est limitée et partielle, qu'elle garde un caractère provisoire et transitoire, car, au lieu de se manifester dans tous les cas, elle ne se révèle guère que dans les circonstances où les jeunes soldats ont besoin du secours d'autrui pour savoir ce qu'ils ont à faire et apprendre comment ils doivent le faire.

Cette docilité précaire, variable, tend à diminuer à mesure que s'accroît leur instruction professionnelle. Elle s'accorde ou se refuse selon le degré de confiance qu'inspire celui qui y fait appel.

Durant la période d'initiation consécutive à leur arrivée au corps, les hommes de recrue se montrent presque tous suffisamment dociles tant qu'on ne fait que les exercer à des détails de métier qui, jusqu'alors, leur étaient restés inconnus. Leur docilité devient moindre dès qu'on aborde les questions de devoir et de discipline militaires. On constate alors, surtout parmi les originaires des villes, que beaucoup ont déjà leur siège fait et, en ces matières, préfèrent s'en tenir aux doctrines allégeantes professées dans les milieux où ils vivaient avant leur incorporation, qu'en croire les enseignements astreignants de leurs nouveaux chefs.

Les officiers, s'ils veulent amener leurs subordonnés à des dispositions meilleures, doivent donc s'appliquer sans répit à tirer de tous les faits susceptibles de produire impression sur eux des leçons propres à les persuader, à leur prouver par arguments, que l'à-propos rend plus convaincants, que chaque règle de discipline est fondée sur d'excellentes raisons, et qu'ils n'ont rien de mieux à faire que de se conformer, en toutes circonstances, aux prescriptions des règlements, aux ordres et aux conseils des supérieurs.

C'est ainsi, et en ne négligeant rien pour se concilier la confiance des hommes placés sous leur autorité, qu'ils réussiront à la longue, au prix de quelque peine, à rendre plus foncièrement dociles des sujets qui ne le sont d'abord qu'autant qu'ils sentent la nécessité de l'être.

Traiter avec douceur et ménagement les subordonnés dociles, réserver aux autres les rigueurs des formes et celles du commandement sont, en même temps que des actes de justice, d'efficaces moyens de maintenir les premiers dans leurs bonnes dispositions et d'amener les indociles à des réflexions salutaires parfois suivies d'un amendement durable.

II. — Humilité et modestie.

L'humilité, cette vertu qu'inspire à l'homme le sentiment de sa faiblesse et de son insuffisance, lui fait accepter comme toute naturelle sa soumission aux règles et aux autorités établies.

L'humilité se traduit extérieurement, parfois même se simule par la modestie, qui est une attitude autant ou plus peut-être qu'une vertu. Mais, qu'elle soit l'une ou l'autre, selon les individus, la modestie, par la retenue qu'elle impose dans la manière de penser ou de parler de soi, n'en est pas moins, pour qui la possède comme pour qui la feint, une disposition réelle à se soumettre plus facilement.

On peut donc la compter au nombre des qualités de subordination, sans toutefois la mettre au même rang que l'humilité, dont elle est un diminutif, dont elle ne tient lieu que dans une mesure restreinte.

De nos jours, l'humilité et la modestie sont parmi les qualités qui nous manquent le plus. Chacun a maintenant l'orgueil de ce qu'il est. Il est même à remarquer que les gens les plus méprisables sont encore plus orgueilleux de leurs tares, de leurs vices et de leurs méfaits que les autres de leurs qualités ou de leurs talents.

Tout ce qui, en mal comme en bien, différencie un homme de ses voisins, lui est devenu sujet de se glorifier et de rabaisser davantage autrui. Avec une telle opinion de soi, la subordination ne peut paraître que pénible.

Déjà peu communes, l'humilité et la modestie semblent destinées à se faire de plus en plus rares, du moins tant que prévaudront les principes dont s'inspirent aujourd'hui les éducateurs de l'enfance.

Imbus des idées darwiniennes, la plupart de ces éducateurs, les familiaux comme les scolaires, se proposent avant tout de former des disciples affranchis des entraves morales susceptibles de les gêner plus tard dans la lutte pour la vie.

Dans leur système d'éducation, l'humilité et la modestie ne sont point cultivées ; elles sont considérées comme des faiblesses qu'on doit souhaiter et encourager chez le concurrent, mais en s'en gardant soigneusement soi-même. L'aplomb, même celui que donne la sottise, l'arrogance, même quand elle n'est servie par aucune qualité, sont regardés comme bien préférables à cette humilité qui nous fait souvent douter de notre propre valeur, à cette modestie qui empêche de se mettre en avant et de se faire valoir soi-même.

Une pareille doctrine est trop conforme aux suggestions de l'égoïsme pour ne pas faire des adeptes en grand nombre parmi ceux dont des doctrines différentes faisaient autrefois des humbles, des modestes et des résignés.

Il serait chimérique de viser à rendre humbles les jeunes gens qui arrivent à l'armée ne l'étant pas, mais il est possible, afin de les disposer à plus de docilité, d'en obtenir plus de modestie qu'ils n'en montrent tout d'abord.

Il suffit, pour parvenir à ce résultat, d'être attentif aux bévues que commettent journellement ces subordonnés si pleins d'assurance, et de les leur faire constater, non avec pédanterie — ce qui ferait manquer le but — mais avec cette bonhomie indulgente qui fait accepter les remontrances sans blesser au vif l'amour-propre de ceux qui se les sont attirées.

De cette façon on les oblige à réfléchir et à prendre conscience de leurs ignorances, de leurs maladresses, de leurs erreurs. Ils ne tardent pas à se rendre compte qu'avec plus de docilité il leur sera possible de s'instruire, de devenir plus adroits, d'éviter de retomber dans les fautes commises et de donner prise à des critiques qui, bien qu'adoucies par des formes bienveillantes, ne laissent pas de les humilier. Ils sont ainsi amenés, peu à peu, à plus de modestie et de soumission, en même temps qu'à plus d'application à bien faire ce qui leur est prescrit.

Les doux, les humbles, les modestes, si rares maintenant, méritent plus que tous les autres la bienveillance des supérieurs, non seulement parce qu'ils sont constamment soumis, mais aussi parce que beaucoup parmi eux sont capables de dévouement désintéressé.

Les officiers, sans avoir à craindre que leur prestige en soit diminué, peuvent se montrer très bons à l'égard de tels subordonnés. Ils ne sauraient veiller avec trop de sollicitude à ce qu'ils ne soient point effarouchés par les rudesses de certains gradés subalternes, à ce qu'ils ne soient ni molestés, ni tournés en dérision, ni exploités par de mauvais camarades disposés à leur reprocher une attitude contrastant trop avec la leur pour qu'ils ne leur en fassent pas grief. Ils doivent aussi les prémunir contre les détestables conseils de ces camarades malfaisants et empêcher ainsi que, par respect humain, ils n'en arrivent à imiter les pires, afin de se mettre à l'abri de leurs brimades et de leurs moqueries.

III. — Sentiment du devoir ou de l'honneur.

Les sentiments moraux ont leur germe dans l'âme, mais c'est par l'éducation qu'ils s'y développent.

Le sentiment du devoir, classé à juste titre parmi ceux dont le développement importe le plus à la grandeur et à la force d'une nation, semble moins répandu et moins vivace depuis que la maxime : « Fais ce que veux », devenue l'appât dont se servent les courtisans de la multitude pour capter ses suffrages, prévaut de plus en plus sur la maxime : « Fais ce que dois ».

Subtilisant, pour flatter l'opinion, des éducateurs distinguent entre les divers devoirs et n'hésitent plus à donner la première place aux devoirs envers soi-même, reléguant au second rang les devoirs sociaux, quand ils ne vont pas jusqu'à les nier.

De sophisme en sophisme, ils sont même parvenus assez vite à travestir en devoirs envers soi-même les manifestations les plus cyniques de l'égoïsme le moins dissimulé.

Annoncées aux masses comme vérités extraites de l'évangile du progrès, propagées à la fois par des professionnels de la politique, des publicistes, des universitaires, des instituteurs, des parents, ces belles découvertes libèrent de trop d'obligations pénibles pour manquer d'adhérents.

Accueillies avec une faveur marquée par les nouvelles générations, les effets qu'elles ont produit sont maintenant évidents, car on constate chaque jour que là où les devoirs sociaux ne sont pas catégoriquement niés, ils sont contestés ou méconnus ou ignorés. Parmi ceux qui ont encore le désir de s'en acquitter, beaucoup ne parviennent plus à les discerner clairement, tant la notion s'en est obscurcie ou effacée dans les esprits.

Malgré tout, et comme pour affirmer, en dépit des théories aujourd'hui en faveur, la persistance de l'ancien idéal, on nomme toujours « sentiment du devoir » la conscience des devoirs envers autrui que chacun se croit encore tenu d'accomplir.

Bien qu'il y ait partout, même chez les meilleurs, tendance à faire passer l'intérêt personnel avant les obligations envers la collectivité, le sentiment du devoir subsiste encore chez beaucoup, assez vif par instants, assoupi le plus souvent, mais prêt à se réveiller à la voix du chef qui sait y faire appel et donner lui-même l'exemple de l'accomplissement désintéressé de toutes les obligations qui lui incombent.

Le sentiment de l'honneur n'est autre chose que le sentiment du devoir, avec cette particularité que le devoir est envisagé d'un point de vue restreint au lieu de l'être du point de vue le plus général.

Alors que le sentiment du devoir engage envers tous et dans tous les cas, le sentiment de l'honneur n'engage guère qu'envers ceux auxquels on se sent lié par une étroite solidarité, et seulement dans la mesure exigée par les statuts traditionnellement en vigueur dans le milieu où règne cette solidarité.

Ainsi, certains qui s'exemptent volontiers de l'observation des lois aussi bien que de celle des règles de la morale se feraient scrupule de manquer aux prescriptions du code de l'honneur, tel qu'ils le comprennent et l'acceptent, ou tel que le leur impose la corporation, la coterie ou le groupement dont ils font partie.

C'est ce qui explique les effets de l'esprit de corps créant aux hommes solidarisés par des occupations communes des devoirs qui, bien que peu définis et affranchis de toute sanction légale, sont pourtant éludés moins fréquemment que d'autres qui font l'objet de prescriptions précises et impératives.

Avoir de l'esprit de corps, c'est donc avoir le sentiment de certains devoirs quand on n'a pas celui de tous les devoirs.

La plupart des hommes sont peu portés à s'enquérir spontanément des devoirs qui, éventuellement, peuvent leur incomber ; beaucoup même préféreraient être restés dans l'ignorance de ceux dont l'accomplissement leur paraît particulièrement pénible, car leur ignorance serait la meilleure excuse à invoquer pour se justifier d'y avoir manqué. Rien n'est donc plus nécessaire, si l'on veut qu'ils remplissent leurs devoirs, que de leur enlever tout prétexte à les omettre en les en instruisant avec tout le soin et la précision désirables.

Par conséquent, les officiers et les autres gradés ne sauraient trop s'attacher à éclairer les soldats sur les obligations diverses auxquelles les astreint le service militaire et à leur apprendre les moyens d'y satisfaire convenablement. Cette partie de l'enseignement doit être donnée par eux avec une conscience telle, que, lorsqu'ils ont à punir ou faire punir un inférieur pour manquement au devoir, ils aient la certitude que le contrevenant n'a point péché par ignorance, ou celle que son ignorance provient de sa paresse et de son inattention, et non d'une négligence de ses instructeurs.

L'accomplissement du devoir profitant à la collectivité plus qu'à l'individu dont il exige parfois de durs sacrifices, il n'est pas étonnant que la connaissance du devoir ne suffise pas toujours pour décider à le remplir. Une telle décision n'est prise que si la conscience parle assez impérativement pour avoir raison des hésitations de l'instinct.

Or, sans éducation morale, que peut commander la conscience? — Elle se tait, et le sentiment du devoir ne s'éveille ni ne se développe.

Enraciner ce sentiment dans l'âme des hommes qui leur arrivent ne l'ayant point, telle est la tâche difficile à laquelle doivent d'urgence se consacrer les officiers d'aujourd'hui.

Prêcher d'exemple est le meilleur moyen qu'ils aient de la mener à bien, car la parole ne reste efficace qu'autant que l'exemple ne vient ni l'infirmer ni la démentir.

Mais, sans la parole, l'exemple risquerait de passer inaperçu et de ne pas donner sa leçon. Pour qu'il ne manque point son effet, pour qu'il suscite des imitateurs, il est nécessaire que la parole le féconde en provoquant l'attention et les réflexions de tous ceux sur qui il importe qu'il fasse impression.

Si, par exception, un exemple doit être signalé par celui-là même qui l'a donné, il est indispensable qu'il s'applique à en parler aussi objectivement que possible, comme d'un acte dont l'auteur serait un autre que lui.

D'autre part, sous peine de perdre leur temps, les éducateurs doivent se mettre à la portée de ceux qui les écoutent et s'exprimer de manière à en être bien compris, talent que tous ne possèdent pas et que certains ne cherchent pas assez sérieusement à acquérir.

Indépendamment de cette méthode d'inculquer la notion du devoir, les officiers se servent, pour en obtenir l'accomplissement, de leur pouvoir de récompenser et de punir.

Dispensées avec impartialité, les récompenses stimulent le zèle et le dévouement des uns; prononcées avec justice, les punitions ont souvent raison de l'inertie ou de la mauvaise volonté des autres.

IV. — Abnégation et patriotisme.

Il est des devoirs particulièrement pénibles. Ceux qui ne peuvent être accomplis sans risquer sa vie sont du nombre.

Pour que l'homme ne recule pas devant les sacrifices qu'ils lui commandent, il faut qu'une vertu ou un idéal vienne en aide à sa faiblesse en parlant plus haut que l'instinct de la conservation.

Dans une armée, nombre des militaires de carrière qui en font partie sont soutenus par l'amour de la gloire ou le culte de l'honneur inspiré par l'esprit de corps. Ils n'hésitent pas, quand il le faut, à exposer leur vie, mais non sans espoir d'échapper au danger et de jouir ensuite de la réputation que leur vaudront les périls qu'ils auront bravés et les services méritoires qu'ils auront rendus. La plupart ne se décident pourtant pas à faire le sacrifice de leur existence aussi stoïquement que ceux qui s'y sentent obligés par leur foi ou leur idéal.

L'abnégation de soi-même, cette vertu si rare, est donc, de tous les mobiles qui peuvent amener l'homme à faire le sacrifice de sa vie ou de ses intérêts, celui qui, épuré de tout calcul, de tout arrière-espoir, le dispose le mieux aux actes d'héroïsme ou de renoncement que réclame souvent le salut de plusieurs ou de tous. Malheureusement, aujourd'hui, tout contribue à en tarir les sources.

En dehors des croyances religieuses, de l'amour de la famille, du prochain et du pays, il n'est guère de sentiments qui puissent inspirer cette abnégation dont les exemples ont été nombreux dans notre armée. Ce sont là les sources principales d'où elle provient, et il est incontestable qu'elles deviennent de moins en moins abondantes.

Effectivement, les croyances religieuses sont ébranlées et vacillantes partout où elles ne sont pas détruites; l'amour de la famille et celui du prochain semblent s'être affaiblis en même temps qu'elles; quant à l'amour de la patrie, nous assistons aux efforts tentés pour le ruiner : anarchistes, socialistes, citoyens du monde, tous ceux, en un mot, qui acceptent les bénéfices du contrat social sans vouloir en supporter les charges, s'y emploient simultanément avec fureur, s'appliquant à l'extirper des cœurs où il subsiste encore, et y réussissant souvent.

Il y a plus d'un demi-siècle que Lamartine a écrit quelque part qu'on pouvait observer, à mesure que s'affaiblissaient les croyances religieuses, que les hommes faisaient moins volontiers et moins noblement le sacrifice de leur vie.

Rien n'est plus vrai, et point n'est besoin d'être religieux pour le constater : il suffit d'être clairvoyant et de bonne foi. Le stoïcisme philosophique, à peine à la portée de quelques-uns dans les élites, ne l'est pas du tout à celle des masses. En enlevant à ces dernières la croyance à une autre vie et à des récompenses après la mort pour ceux qui auront bien agi de leur vivant, on a substitué à leur ancien idéal l'amour du bien-être et des jouissances matérielles. Or, comme pour jouir il faut vivre, le soin de sa conservation et de ses intérêts est devenu la préoccupation maîtresse de l'homme dépourvu d'idéal moral et de foi.

L'amour de la famille inspire souvent l'abnégation, aux parents plus qu'aux enfants, lorsqu'il s'agit de préserver les siens d'un danger imminent. Mais il n'a que peu ou point d'effet sur le soldat qui, transporté en pays ennemi ou sur une frontière éloignée de la résidence familiale, se rend compte que son dévouement, loin d'être exclusivement profitable à ses proches, serait sans utilité apparente pour eux, leur serait même nuisible s'il devait lui coûter la vie.

A l'armée, le prochain se restreint pour chacun aux amis et aux camarades au milieu desquels il vit. L'amour du prochain s'y confond avec les autres manifestations de l'esprit de corps.

L'amour de la patrie, celle-ci étant considérée comme la famille agrandie, persiste chez beaucoup malgré les efforts tentés pour lui substituer l'esprit de classe. Seulement, ce sentiment est généralement assez tiède, perdant en force ce qu'il gagne en étendue. On peut néanmoins espérer qu'il conserve encore, chez bon nombre, suffisamment de vivacité pour les déterminer à se soumettre avec abnégation dans les cas où la soumission deviendra pénible ou périlleuse.

On trouve des subordonnés qui, à défaut d'abnégation, se montrent résignés. Malgré que la résignation soit une vertu passive, disposant plus à subir qu'à se dévouer, elle n'en mérite pas moins d'être comptée au nombre des plus précieuses qualités de subordination.

Par malheur, les causes qui rendent l'abnégation si rare ont aussi pour effet de rendre la résignation moins commune.

Les chefs ne sont pas absolument impuissants à rendre leurs soldats capables d'abnégation ou de résignation ; ils ne le sont que s'ils ne tentent rien dans ce but. Ceux qui sauront parler au cœur de leurs hommes y réussiront mieux que les autres.

C'est surtout en donnant constamment l'exemple de ces vertus qu'un supérieur obtiendra de ses inférieurs qu'ils en viennent peu à peu à l'imiter.

Pendant le temps que les jeunes Français passent sous les drapeaux, il en est encore peu qui aient le cœur assez desséché pour que le récit d'une belle action les laisse complètement insensibles. En leur citant souvent de beaux exemples, on ne les trouvera pas tous indifférents, toujours quelques-uns en seront émus et le seront assez pour que naisse et subsiste en eux le désir d'en donner de semblables à l'occasion. C'est en glorifiant les héros qu'on suscite des imitateurs de leurs gestes.

V. — Moralité.

Il suffit qu'un homme manque de moralité pour qu'il répugne à la soumission et s'y montre rebelle chaque fois qu'il n'a pas un intérêt évident à obéir.

Au contraire, l'homme ayant quelque souci de s'abstenir des actes réprouvés par la morale se rend lui-même plus apte à la soumission, car il s'astreint librement et spontanément à une discipline qui l'oblige à chaque instant à se soumettre aux verdicts de sa conscience.

Habitué à l'examen préalable des actes auxquels il se sait enclin, et à la réflexion qui lui indique ceux qu'il doit s'interdire, il éprouve d'autant moins de peine à se conformer aux prescriptions des lois et règlements qu'elles sont souvent les mêmes que celles de la morale. Elles sont d'ailleurs, excepté celles des lois et règlements inspirés de l'esprit de parti, sinon dictées par la conscience collective de la nation à laquelle il appartient, du moins tacitement acceptées comme telles par la généralité des citoyens.

Par suite, les ordres que lui donnent ses chefs, en exécution de prescriptions légales ou réglementaires, ne suscitent d'ordinaire en lui aucune velléité d'opposition.

En outre, la moralité, condition nécessaire du respect de soi-même, a également pour effet de rendre respectueux des droits d'autrui.

L'homme, pénétré de moralité, ne peut refuser d'obéir à qui lui commande au nom de la loi, de la justice et de l'intérêt public. Il ne se croirait fondé à le faire que si l'on exigeait arbitrairement de lui des actes que réprouveraient sa conscience ou qui lui seraient demandés pour servir un intérêt privé.

Le devoir des officiers est de veiller à ce que la moralité de leurs subordonnés se fortifie et s'épure constamment pendant la durée du service militaire.

Il en résulte pour eux deux obligations distinctes :

1º Empêcher la contamination de ceux qui ont des principes moraux par ceux qui n'en ont pas ;

2º S'efforcer de rendre moraux ceux qui ne le sont plus ou ne ont jamais été.

Les meilleurs moyens à employer pour obtenir le premier résultat consistent à ne négliger aucune occasion de détruire l'influence que peuvent prendre les mauvais sur leurs camarades à esprit faible ou à conscience trouble, à mesurer la bienveillance et les faveurs au degré de moralité des soldats, les sévérités et les rigueurs étant réservées aux sujets dénués de sens moral.

Quant au second résultat, il sera recherché, tant par l'enseignement des devoirs moraux les plus essentiels, que par une répression vigilante de tous les manquements qui y seront constatés.

VI. — Tempérance.

En affirmant que l'homme qui, ivre, commet de mauvaises actions, couve à jeun de méchants desseins, il semble bien que Jean-Jacques Rousseau ait exprimé une opinion approchant de la vérité plus que la plupart de celles qu'il a réussi à faire accepter pour fondées.

Il serait excessif de soutenir que tous les méfaits perpétrés par des hommes ivres ont été prémédités. Il n'en est pas moins avéré que nombre de criminels, après avoir formé à jeun de méchants projets, demandent à l'ivresse la force d'impulsion dont ils ont besoin pour passer de la conception à l'exécution.

Ayant pour effet de paralyser la conscience aussi sûrement qu'elle aveugle la raison, l'ivresse libère l'homme de tout frein et le livre sans défense à ses pires instincts.

Et c'est parce qu'ils le savent et en croient, avec une notable partie du public, leur responsabilité grandement diminuée, que certains, avant de mettre à exécution quelque coupable dessein, se procurent cette ivresse et l'étalent jusqu'au scandale devant de nombreux témoins.

Leur but, en se donnant ainsi en spectacle, est de se ménager d'avance la possibilité d'invoquer leur état d'ivresse comme circonstance atténuante, s'ils ne réussissent pas à le faire admettre comme preuve de leur irresponsabilité.

Avant 1872, l'ivresse était peu réprimée dans l'armée.
Quand un homme ivre ne faisait pas de tapage, ne troublait par l'ordre, il n'était pas puni.

Une telle indulgence n'était pas pour amener la diminution du nombre des cas d'ivresse. Après 1872, on se
montra plus sévère, mais cette sévérité a notablement
fléchi depuis une douzaine d'années. Aussi l'ivresse est-
elle toujours la cause ou l'occasion de fautes nombreuses,
de désobéissance et de rébellion principalement.

La tempérance prévient au contraire de pareilles
fautes en laissant à l'homme sa lucidité, l'usage de sa
raison, et en n'étouffant pas la voix de sa conscience.

Il est des indisciplinés parmi les hommes sobres. Mais
tout homme ivre, par le seul fait qu'il est ivre, se trouve
être un indiscipliné.

User d'indulgence à l'égard des ivrognes équivaut,
pour un supérieur, à les encourager à l'insubordination.
N'appliquer qu'exceptionnellement la loi pour la répression de l'ivresse manifeste sur la voie publique c'est, de
même, inviter à n'en plus tenir aucun compte.

VII. — Esprit de corps.

L'esprit de corps, cet orgueil du corps dont on fait
partie, ce désir d'en continuer la tradition, ce souci d'en
accroître ou d'en maintenir la renommée, est la forme la
plus habituelle que prend l'amour de la gloire chez les
petits.

Trop nombreux et obscurs pour prétendre à la gloire
individuelle, ils se contentent de celle que de belles
actions font rejaillir sur le corps auquel ils appartiennent.

Chez le soldat, l'esprit de corps s'allie et se confond
bientôt avec le sentiment de l'honneur militaire; il con-

tribue puissamment à le maintenir obéissant, surtout dans les circonstances graves où la réputation du corps est en jeu.

En inclinant chaque homme à faire tout ce qui dépend de lui pour entretenir ou augmenter un patrimoine de gloire dont il bénéficie, l'esprit de corps le rend plus docile aux directions des chefs, parce qu'il lui fait sentir que ceux-ci sont seuls capables de coordonner les efforts individuels et de leur faire produire le maximum d'effet.

Dans l'armée, la puissance de l'esprit de corps dépend essentiellement de la durée du temps que le soldat passe sous les drapeaux.

Très vivace quand la durée du service actif était de sept ans, l'esprit de corps a décru sensiblement après chacune des réductions qu'à subies cette durée.

Aujourd'hui, il est des régiments où cet esprit ne se manifeste plus que rarement et où il est urgent que les officiers apportent tous leurs efforts à le revivifier.

Exalter les actions méritoires accomplies par l'ensemble du corps ou par certains des militaires lui ayant appartenu, sera le meilleur moyen à employer dans ce but.

Mais ce n'est pas les exalter suffisamment que de se borner à faire lire un extrait sec et succinct de l'historique du régiment relatant ces actions. Il appartient aux officiers d'en parler avec assez de chaleur et d'éloquence pour émouvoir leurs auditeurs et les leur faire admirer.

CHAPITRE V

Établissement de la discipline.

I. — Ce qu'elle doit être.

La disposition à se soumettre n'est pas innée en
l'homme. Il consent bien à obéir lorsqu'il y voit son
intérêt immédiat ; mais quand on réclame son obéissance
pour des causes autres que celles dont la réalité ne peut
lui échapper, on le trouve plutôt réfractaire. Il faut donc
le préparer à la soumission par la discipline, c'est-à-dire
par une éducation spéciale destinée à le rendre obéissant
dans tous les cas.

L'autorité et les qualités qui en rendent l'usage plus
affermi sont employées à développer chez les inférieurs
les qualités susceptibles de les disposer à une permanente docilité.

C'est essentiellement en cela qu'a toujours consisté
l'objet principal de la discipline militaire, laquelle n'a
été instituée que parce qu'il a été reconnu maintes fois,
à la suite d'expériences aussi funestes que probantes,
combien il était indispensable d'obtenir l'obéissance certaine que réclame l'accomplissement des missions d'extrême importance dont est chargée l'armée.

Afin d'atteindre plus sûrement à ce but, on cherche
avant tout à produire par la discipline une aimantation
générale et durable des idées et des volontés des subordonnés qui amène ceux-ci à vouloir immédiatement ce

que veut et commande le chef, de telle sorte que ce dernier n'ait plus qu'à signifier ses ordres pour être aussitôt obéi.

Cette aimantation des idées et des volontés est obtenue par l'enseignement journalier et les exemples des chefs ; elle ne devient durable que par une application constante, méthodique et raisonnée des notions et règles enseignées.

Encore, cette application ne produit-elle son plein effet qu'après qu'elle s'est prolongée assez longtemps pour que supérieurs et inférieurs en arrivent, par leur participation quotidienne à une même tâche, à cette parfaite communauté d'idées qui s'établit à la longue entre tous les collaborateurs à une œuvre collective, quand ils en poursuivent l'exécution avec une égale bonne volonté.

Le fait que l'armée actuelle est composée de militaires par vocation, aimant leur profession, et de gens qui subissent le service militaire comme une peine afflictive, est un obstacle des plus sérieux à l'établissement de cette communauté d'idées. D'autre part, la faible durée du service rend encore plus qu'autrefois difficile d'y atteindre.

Discipliner leurs soldats, en obtenir l'obéissance malgré des dispositions initiales qui les portent plus à l'opposition qu'à la soumission, sera dorénavant pour les chefs militaires un résultat plus méritoire que jamais.

Aussi ancienne que l'humanité, la discipline date de la constitution de la famille dont elle est une conséquence nécessaire.

Toutes les associations, corporations et organisations postérieures à la famille se sont modelées sur elle. Ne pouvant exister et remplir leur objet qu'à la condition de s'imposer une discipline, elles ont adopté, avec les modifications inhérentes au but particulier de chacune d'elles, la discipline dont tous leurs membres avaient déjà fait l'expérience dans la famille.

Parmi ces nombreuses et diverses organisations, l'armée française est une de celles dont la discipline, par ses principes fondamentaux et ses règles essentielles, se rapproche le plus de la discipline familiale. Le chef militaire y a les mêmes obligations de sollicitude, de protection et d'enseignement que le chef de famille ; les membres y ont les mêmes obligations de déférence et de soumission.

Dans les règlements successifs sur le service intérieur des corps de troupe, on n'omettait pas autrefois de rappeler que la discipline doit être paternelle, c'est-à-dire aussi semblable que possible à celle dont la famille offre le prototype. Si les auteurs du dernier en date de ces règlements, celui du 25 mai 1910, ont rompu avec cette tradition, ils ont eu soin de spécifier que « la fermeté dans le maintien de la discipline doit s'allier à la bienveillance dans l'exercice du commandement ». Ont-ils adopté cette dernière formule parce que l'affaiblissement actuel de la discipline dans la famille française ne permet plus de la donner comme modèle de la discipline militaire ? On est tenté de le croire.

II. — Ses principes fondamentaux.

Les principes fondamentaux de la discipline militaire peuvent être énoncés ainsi qu'il suit :

I. Dans l'armée, depuis le corps d'armée, unité supérieure, jusqu'aux fractions constituées les plus faibles, l'autorité est confiée au plus digne.

II. Le plus digne est signalé à ceux qui ont à lui obéir par le grade qui lui a été conféré et la fonction dont il est temporairement investi.

III. Il est le plus digne, parce que par son âge, la durée et la qualité de ses services, son caractère, son savoir et son expérience, il est capable de faire le meilleur usage de l'autorité qui lui a été donnée sur les autres.

IV. Tout chef a le devoir d'enseigner et de diriger ceux qui sont placés sous ses ordres, de veiller à ce qu'il soit pourvu à leurs besoins, de les aider à faire valoir leurs droits et de prendre la défense de leurs intérêts.

V. Les subordonnés doivent lui obéir en tout ce qu'il leur commande pour le bien du service et l'exécution des lois ou règlements ; ils se conforment à ce qu'il leur a enseigné dans les circonstances où ils sont tenus d'agir de leur propre initiative.

C'est en s'inspirant de ces principes fondamentaux qu'ont été établies les règles de la subordination, dont les plus importantes sont généralisées et résumées ci-après :

1° Entre militaires de grades différents, l'autorité appartient au plus élevé en grade ; entre militaires du même grade, elle appartient au plus ancien dans ce grade ;

2° Le subordonné doit au supérieur une obéissance entière et une soumission de tous les instants ;

3° En exécutant un ordre, chacun doit se conformer scrupuleusement aux intentions du chef qui l'a donné ;

4° Dans les ordres que donne un supérieur, il y a souvent des choses sous-entendues que — volontairement ou involontairement — il a passées sous silence. L'initiative du subordonné doit s'appliquer à deviner tout ce qui est compris sans y être exprimé dans les ordres qu'il a reçus, puis à y satisfaire comme si la prescription formelle lui en avait été faite.

III. — Enseignement de ses règles.

C'est au moyen de l'enseignement corroboré par l'exemple que s'établit la discipline.

Cet enseignement doit embrasser, avec tous les développements et commentaires indispensables, les sujets suivants :

Exposé des considérations propres à convaincre de la nécessité de la discipline;

Principes sur lesquels celle-ci est basée;

Règles de subordination et de conduite déduites de ces principes ;

Moyens d'imposer et de maintenir la discipline.

Démontrer que la discipline est indispensable avait paru inutile à nos devanciers, soit qu'une telle vérité leur semblât tellement évidente qu'elle pouvait se passer de démonstration, soit qu'ils admissent que cette notion était infailliblement et définitivement acquise par l'adulte à l'âge de son entrée dans l'armée. Le persuader de cette nécessité ne les préoccupait point.

Les conditions ne sont plus les mêmes maintenant.

Le soldat du XXe siècle, docile aux enseignements qu'il a reçus avant son entrée au service, ne veut considérer la discipline militaire autrement que comme un instrument d'oppression, n'ayant d'autre but que de le contraindre à obéir à des lois qu'il juge détestables et à des chefs en qui il ne veut d'abord voir que des ennemis.

Depuis que la loi sur le recrutement de l'armée a rendu le service militaire obligatoire pour tous, les professeurs et les instituteurs, patriotes naguère, tant qu'ils avaient été dispensés d'être soldats, devinrent en majorité antimilitaristes dès qu'ils eurent perdu ce privilège.

Du jour où ils ont dû, de même que le commun des

citoyens, faire un stage dans l'armée en qualité de soldats, ils n'ont cessé, sournoisement d'abord, ouvertement ensuite, de prêcher à leurs élèves leur aversion du devoir militaire et leur haine des chefs les ayant obligés à l'accomplir.

Des journaux, dont nombre d'entre eux sont les collaborateurs attitrés ou occasionnels, les encouragent à persister dans ce criminel apostolat, les appuient de leur publicité et s'emploient à propager parmi les adultes les doctrines antipatriotiques enseignées aux enfants.

Cette œuvre malfaisante n'a pas été longtemps à produire les fruits qu'en attendaient ceux qui l'ont entreprise et les scribes vénaux qui y ont participé.

Convaincre de la nécessité de la discipline les jeunes gens appelés sous les drapeaux ne risque plus aujourd'hui d'être un soin superflu.

Le négliger serait, au contraire, rendre vain l'enseignement de ses principes et de ses règles, lequel n'est profitable à ceux qui le reçoivent qu'autant qu'ils ne doutent ni de la légitimité de cette discipline ni de sa nécessité.

Il existe dans l'armée autant d'écoles de discipline qu'on y compte de compagnies, d'escadrons et de batteries.

Diriger l'une de ces écoles est le devoir le plus important du capitaine commandant l'unité.

Bien que l'action des chefs supérieurs influe aussi sur la discipline d'une unité, c'est principalement de la personnalité de son capitaine qu'elle reçoit ce quelque chose de particulier qui la caractérise et la fait autre que la discipline de l'unité voisine du même groupe ou du même corps.

S'il est un fait d'expérience facile à constater pour peu qu'on soit observateur, c'est que la manière d'être des subordonnés est révélatrice des sentiments, des idées, des préjugés, des qualités et des défauts, de l'attitude et des actes des capitaines qui les ont formés à l'obéissance. On est donc autorisé à en conclure que ceux-ci ne sont jamais sans action sur les disciples de rencontre que leur donne le hasard de la répartition des contingents annuels de recrues. Ils influent même sur les plus réfractaires, tant par les doctrines qu'ils professent que par les exemples qu'ils donnent.

Par conséquent, la certitude que ses efforts ne seront jamais infructueux devrait, si le sentiment du devoir n'y suffisait pas, déterminer le capitaine à se consacrer pleinement à former à la discipline les jeunes gens qui, chaque année, viennent accomplir leur service militaire dans l'unité qu'il commande.

Et si le résultat obtenu est inférieur à ce qu'il désirait qu'il fût, il n'en a pas moins, toujours, une utilité si grande, si manifeste, si incontestable, qu'un chef d'unité serait inexcusable de ne s'intéresser que faiblement à cette partie la plus importante de sa mission.

Le capitaine ne doit d'ailleurs jamais perdre de vue que la valeur de sa troupe dépend essentiellement de sa discipline, laquelle approche d'autant plus de la perfection que l'éducation militaire est donnée avec plus de conscience, d'intelligence et de soin. En temps de paix, l'officier d'aujourd'hui est surtout un éducateur.

IV. — Éducation militaire des soldats.

L'éducation militaire ne consiste pas seulement à réunir en conférence les soldats d'une unité ou d'une fraction constituée pour les instruire de leurs devoirs en leur lisant le texte aride d'un règlement, et en leur faisant retenir par cœur les passages indiquant quelle conduite ils ont à tenir dans les diverses circonstances du service ; elle consiste encore :

A les guider et à les conseiller dans l'application ;

A contrôler leurs actes, à avertir chacun de ses erreurs, omissions ou négligences ;

A répéter à tous, aussi souvent qu'il est nécessaire, à satiété, pourrait-on dire, en les accompagnant de commentaires destinés à faire impression sur le cœur et sur l'esprit, les règles de conduite à observer, règles que les débutants ne retiennent d'abord que confusément, qui ne se précisent dans leur entendement et ne se gravent dans leur mémoire que par la répétition fréquente, obstinée, qui leur en est faite ;

A relever et signaler les infractions commises, à en admonester les auteurs, à les punir même quand les infractions sont attribuables à leur négligence ou à leur mauvaise volonté.

Cette éducation militaire des subordonnés est, pour les chefs de tout grade, une obligation en même temps qu'une prérogative.

Plus un chef est rapproché d'un subordonné et plus sont fréquentes les occasions qu'il a de remplir son rôle d'éducateur à l'égard de ce dernier.

Les éducateurs les plus habituels du soldat sont forcément le caporal de son escouade, le sergent de sa section, l'officier de son peloton, le capitaine de sa compagnie.

Tout en dirigeant l'école de discipline qui est son unité, et en étant lui-même l'éducateur le plus autorisé de sa troupe, le capitaine ne doit pas perdre de vue que les gradés dont se compose son cadre sont également des éducateurs du soldat, et que leur action sur celui-ci, bien que moins forte que la sienne, est cependant plus constante, plus immédiate, et qu'elle peut à la longue, grâce à sa continuité, produire plus d'effet que la sienne propre, assujettie qu'elle est, par les fréquentes interruptions de contact résultant de sa situation hiérarchique, à ne se faire sentir que par intermittence.

Par conséquent, loin de tenter d'annihiler leur influence de crainte qu'elle ne soit un obstacle à la prédominance de la sienne, il doit s'en faire un moyen d'atteindre plus promptement et plus sûrement son but.

A cet effet, secondé par ses lieutenants, à qui, dans des entretiens journaliers, il a donné complète connaissance de ses volontés en matière de discipline, il s'attache à parfaire l'éducation des gradés subalternes et à les amener aux convictions qu'il a lui-même, plus qu'à enseigner personnellement aux soldats les principes élémentaires et les mille détails de la discipline.

S'il ne s'en remet pas à d'autres du soin de leur exposer les notions générales ou fondamentales et de les éclairer sur leurs devoirs les plus importants, il laisse d'ordinaire à ses auxiliaires la tâche de les instruire des règles de détail à l'observation desquelles ils sont plus particulièrement chargés de veiller.

Ainsi assouplis à ses volontés et à ses exigences, les sous officiers, les caporaux eux-mêmes lui viendront efficacement en aide dans sa mission laborieuse et difficile de discipliner chaque année les derniers venus dans son unité.

Mais, s'il doit les associer à son œuvre, s'efforcer d'en faire des collaborateurs compétents et dévoués, le capitaine ne doit pas imiter certains de ses devanciers qui se déchargeaient entièrement sur leurs subalternes du soin de former les recrues à la pratique de la discipline.

Il arriverait alors ce qui arrivait autrefois : les sous-officiers et les caporaux, exercés à commander plus qu'à persuader, peu habitués à développer et à expliquer judicieusement des prescriptions dont parfois la raison leur échappe, se borneraient, pour être plus certains de ne pas errer, à lire d'un ton péremptoire, à leurs disciples réunis en cercle autour d'eux, le texte abstrus du règlement, sans le faire suivre des éclaircissements et commentaires nécessaires. S'assurant ensuite, par de brèves interrogations, non que ce texte a été compris, mais qu'il a été retenu, ils auraient la conscience tranquille et croiraient avoir fait tout ce qu'il est permis d'exiger d'eux.

A pareille école, le soldat profite peu. Attentif aux mots, leur sens lui importe faiblement ; ce qu'il cherche à retenir, c'est moins la règle de conduite dont il devra s'inspirer que la formule concise qui lui permettra de répondre comme le veut son instructeur aux questions qui lui seront posées. Il se met ainsi en état de satisfaire ses interrogateurs habituels. Seulement, quand il s'agit de mettre en pratique ce qu'il a appris à réciter, on le découvre aussi hésitant, aussi emprunté que s'il avait été incapable de répondre. Et, lorsqu'une pratique prolongée a mis fin à ses hésitations, il applique routinièrement au lieu de le faire avec sens et réflexion.

Depuis que la durée du service actif a été réduite à deux ans, le soldat n'a même plus le temps d'arriver par l'habitude à cette application routinière dont on se contentait jadis, alors que son bon esprit suppléait à ce qui lui manquait parfois sous le rapport des connaissances théoriques et de la réflexion. Actuellement, le soldat qui, dans son unité, n'a reçu que d'insuffisantes notions de discipline, hésite toujours avant d'appliquer, surtout s'il a le souci de ne pas se mettre en faute ; il fait ce qui lui passe par la tête quand ce souci lui est étranger.

A raison des conditions présentes, il y a donc nécessité absolue pour le capitaine de rompre avec certains errements du passé et de s'occuper lui-même, activement, de donner et faire donner à ses hommes des leçons de discipline plus claires, plus précises et complètes que celles qui consistent en l'audition d'un texte de règlement, dont la rédaction trop concise ne les renseigne qu'imparfaitement sur la nature et l'étendue de leurs obligations.

En résumé, il faut que le capitaine prenne tout à fait au sérieux sa mission d'éducateur, y consacre une partie de son temps et s'y emploie de tous ses moyens.

Pour que ses efforts procurent le résultat cherché, il sera bon qu'il procède conformément à la méthode indiquée par les conclusions de la discussion qui précède, c'est-à-dire qu'il devra :

1° S'appliquer constamment à parfaire l'éducation militaire des sous-officiers et des caporaux, afin de rendre chacun d'eux aussi apte que possible à son rôle d'éducateur militaire du soldat ;

2° Déléguer à chaque gradé le soin de participer à l'éducation militaire des jeunes soldats de la fraction constituée dont il est le chef, mais en limitant cette participation à l'enseignement de celles de leurs obligations qu'ils ont à accomplir sous sa surveillance ou sa direction ;

3° Réserver à lui-même et à ses lieutenants la tâche d'entretenir les soldats des sujets généraux ou importants dont les officiers seuls sont capables de parler avec compétence et de manière à faire impression sur l'esprit des hommes qu'ils ont à discipliner.

Pour que cette méthode d'éducation porte ses fruits, il faut encore, après tout manquement grave venant révéler que les préceptes de la discipline sont mal compris, mal sus ou mal observés, que le capitaine intervienne personnellement, tant pour remédier avec plus d'autorité aux lacunes ou à l'imprécision de l'instruction donnée par les gradés subalternes, que pour attirer l'attention des soldats sur les conséquences fâcheuses qu'entraîne presque toujours l'oubli des devoirs.

Intervenir de cette façon chaque fois qu'il en sera besoin est aussi le meilleur moyen qu'il ait de rectifier les idées fausses ou erronées, de rendre les préceptes plus intelligibles en donnant leur sens exact, de disposer ses subordonnés à en faire une application plus saine et plus justifiée, de diriger enfin vers le devoir et le bien des volontés habituées à se porter là où les poussent les mauvais instincts peu ou point réprimés par une éducation antérieure négligée ou nulle.

Et, puisqu'il est inévitable que des influences contraires à la sienne s'exercent journellement sur ceux qu'il discipline, il ne doit jamais, à aucun moment de l'année, considérer sa tâche comme achevée, ni les résultats obtenus comme définitivement acquis. Des mutations plus ou moins fréquentes dans le personnel de son unité s'y opposent d'autre part, car il a et aura toujours, en tout temps, à s'occuper de l'éducation des militaires venus dans sa troupe à des époques autres que celle de l'incorporation du contingent annuel des recrues.

Mais s'il n'est pas de trêve à ses efforts, il n'a pas à les renouveler chaque fois avec la même intensité. Les libérations périodiques ne lui enlèvent qu'une partie des cadres et une moitié des hommes qu'il a déjà disciplinés ; ceux qui lui restent, s'il a réussi à les rompre à la soumission et à leur donner confiance en sa capacité, sa conscience et sa justice, l'aideront puissamment à discipliner les arrivants, tant par leurs exemples que par leur langage, leur attitude et leurs dispositions d'esprit.

Car la bonne hygiène morale d'une unité fortement disciplinée en fait une sorte de sanatorium mental où les bons deviennent meilleurs, où les médiocres et les mauvais se guérissent de leur rétiveté, à moins qu'elle ne soit tout à fait incurable.

V. — Marques extérieures de respect.

L'enseignement des diverses règles de discipline comprend celui des marques extérieures de respect que les inférieurs doivent, obligatoirement, à leurs supérieurs.

Ces marques extérieures de respect n'ont pas la vertu

que d'aucuns leur attribuent d'influer favorablement sur les dispositions intimes des subordonnés qui les rendent. Elles ne sont pas davantage, ainsi que d'autres se plaisent à le croire, un témoignage irrécusable des sentiments qu'ils professent à l'égard de leurs chefs. Elles ont simplement pour objet et pour effet de les obliger à prendre, en présence de ceux-ci, une attitude correcte et déférente, résultat qui n'est d'ailleurs point à dédaigner.

Si, de son propre mouvement, l'inférieur rendait ces marques de respect au supérieur, elles seraient véritablement alors la manifestation éclatante de ses sentiments respectueux et soumis ; mais, comme il y est tenu sous peine d'être puni, elles ne sont plus qu'un symbole imposé, rituel pourrait-on dire, de ce que devraient être ses dispositions à l'égard des chefs.

Les marques extérieures de respect ne sont rien qu'apparence. Disciplinés et indisciplinés les rendent souvent avec la même correction. Parmi les derniers, combien en est-il qui, grâce à la façon empressée dont ils s'acquittent de cette obligation, en somme peu pénible, réussissent à faire croire à leur bon esprit et à se prémunir contre les risques que leur feraient courir leurs dispositions véritables si elles étaient connues ?

On peut observer que les seuls à rendre les marques extérieures de respect d'une façon négligée sont ceux à qui il importe peu de manifester ouvertement leur mauvais esprit; mais comme ne prennent cette attitude que des sujets décidés à passer de l'opposition sourde et de sa quiétude à l'insubordination déclarée et à ses dangers, le nombre n'en est jamais bien considérable.

Le supérieur qui n'exige pas les marques de respect manque gravement à son devoir et paraît ratifier, par sa débonnaireté, le jugement peu flatteur que porte sur lui l'inférieur se dispensant ainsi de ses obligations à son égard.

Mais si les exiger — surtout en public où, par crainte des quolibets de la racaille des villes, certains soldats s'en abstiendraient volontiers — est un devoir auquel nul gradé ne doit se dérober, les prendre pour ce qu'elles ne font que symboliser serait une duperie.

VI. — Les sanctions.

L'enseignement a démontré la nécessité de la discipline, déterminé les relations de commandement et de subordination, énoncé les devoirs qui en découlent, posant ainsi les bases sur lesquelles la discipline est établie. Mais il a plus d'action sur l'entendement que sur les penchants et les volontés : il persuade sans obliger. Dépourvu de sanction, il serait souvent impuissant à obtenir l'accomplissement des devoirs dont il a donné la connaissance.

Il faut des sanctions pour que soient garantis l'établissement et le maintien de la discipline, pour que soient observées les prescriptions destinées à en faire, d'une doctrine acceptée par l'esprit, une obligation réellement imposée dans les actes.

Ces sanctions sont de deux sortes : les récompenses, réservées aux observants; les punitions, infligées aux contrevenants.

CHAPITRE VI

Maintien de la discipline.

I. — Nécessité des sanctions disciplinaires.

A en croire les parlementaires de l'école du Citoyen de Genève, ces apôtres du désintéressement civique dont ils donnent de si beaux exemples, le citoyen d'une république met sa gloire à accepter les disciplines sociales et à s'y soumettre invariablement en toutes circonstances. L'intérêt public, le sentiment du devoir sont les seuls inspirateurs de ses actes ; la satisfaction du devoir accompli en est la seule récompense.

Il n'est donc pas étonnant qu'ils aient constamment tenté d'habituer les militaires à se contenter de cette satisfaction et de quelques autres récompenses tout aussi platoniques. La situation financière qu'ils ont contribué à créer ne leur permet guère, d'ailleurs, d'en octroyer de plus positives à des gens qu'ils classent dédaigneusement dans la catégorie des improductifs.

Mus par le louable souci de ménager le contribuable, les parlementaires ont successivement supprimé les dotations, les gratifications en argent, les parts de prises, etc., etc.; ils ont même retiré les très minimes primes de travail qui étaient la rémunération légitime d'un labeur imposé par l'État pour bénéficier de la main-d'œuvre militaire, jadis tarifée au prix le plus bas, devenue aujourd'hui gratuite autant qu'obligatoire.

Alors que, pour se rendre et se maintenir favorables les électeurs dont ils tiennent leur mandat, les élus sont forcés de leur promettre, puis de leur concéder des avantages matériels de plus en plus grands, ils enlèvent aux militaires non-électeurs les avantages de même nature dont ils avaient été gratifiés autrefois, et leur font du désintéressement sous toutes ses formes une obligation professionnelle de plus en plus étendue et généralisée.

Tant que les corps d'officiers ont été composés en majorité d'hommes du passé, sensibles aux témoignages matériels de satisfaction qui leur étaient donnés de leurs services, mais n'en considérant pas moins l'abnégation comme un des devoirs de leur état, ils ont accepté pour eux-mêmes et réussi à faire accepter par la troupe, sans enthousiasme, comme aussi sans résistance marquée, ces austères perspectives de renoncement.

Seulement, depuis qu'officiers et soldats comptent dans leurs rangs un grand nombre d'hommes façonnés par un système plus moderne d'éducation, il n'en est plus tout à fait de même. Si les militaires de ces nouvelles générations font encore vertu de leur désintéressement forcé, ils ne s'y résignent pas; ils ne sont plus dupes volontaires et estiment à leur juste valeur la théorie et les théoriciens qui le leur ont imposé.

Maintenant qu'une constante et complète soumission n'est que peu ou point récompensée, attentifs aux leçons de choses que leur donne le spectacle de la vie publique et des fortunes politiques, la discipline ne leur paraît plus chose sacrée que lorsqu'il s'agit pour eux de commander. Quand, au contraire, il s'agit d'obéir, rien ne leur semble plus naturel et plus justifié que les velléités de révolte s'éveillant instinctivement en eux.

Pour les maintenir disciplinés, d'autres stimulants sont nécessaires que ceux dont on vante l'efficacité sur le citoyen abstrait. A des lutteurs pour l'existence, il faut des avantages réels, tangibles, pour les décider à être toujours obéissants; il faut aussi des châtiments pour les y contraindre lorsque les avantages offerts ne les y déterminent pas.

Ces hommes pratiques entendent ne point être dupés. En retour de ce que leur concèdent les législateurs, ils consentent à rendre des services pour une valeur équivalente, mais ils se jugeraient lésés s'ils allaient au delà de ce qu'ils se reconnaissent redevables d'après leur propre estimation.

Par conséquent, en échange de récompenses sur le caractère illusoire ou mesquin desquelles ils ne se laissent pas tromper, ils rendent avec grande ostentation des services de médiocre aloi : des récompenses qu'ils jugent fictives ou dérisoires ne les décident qu'à des efforts fictifs ou dérisoires comme elles.

Ce sont là les idées qui, chaque jour, prévalent un peu plus dans l'armée nouvelle, telle que l'ont voulue et faite nos législateurs actuels. Quand le vieil esprit en aura complètement disparu, elle leur rappellera plus d'une fois que, pour être bien servi, il faut savoir y mettre le prix et leur fera regretter de l'avoir si souvent oublié.

<h3 style="text-align:center">II. — Récompenses.</h3>

Quelles sont donc les récompenses actuellement proposées à l'ambition des militaires de l'armée françaises ?

Dans quelles conditions et dans quelle mesure chacune peut-elle être efficace ?

Les principales récompenses en usage dans l'armée française sont les témoignages de satisfaction, les permissions, l'avancement et les décorations.

L'espoir de ces récompenses est efficace pour maintenir dans le devoir ceux qu'elles tentent et amènent à faire le nécessaire pour les mériter et les obtenir.

Mais toutes ne peuvent être également ambitionnées par

tous, car les conditions exigées pour prétendre à certaines, — les grades élevés et les décorations, par exemple, — les rendent inaccessibles à d'autres que les militaires de carrière, lesquels sont en faible minorité.

Même parmi celles offertes à la totalité, il en est qui ne sont pas désirées de tous, telles les permissions, dont ne se soucient guère les déshérités n'ayant ni foyer pour les recevoir, ni ressources pour subsister pendant leur durée ; telles encore les félicitations, auxquelles les natures frustes ou grossières n'attachent que peu ou point de prix.

Nombre d'hommes sont incapables de faire l'effort voulu pour mériter une récompense, mais sont très susceptibles d'envie et d'hostilité contre les camarades mieux doués et mieux inspirés qui en obtiennent. L'octroi des récompenses n'a donc pas seulement pour effet d'encourager les bons sujets à rester disciplinés et dévoués, il a aussi pour conséquence de mécontenter les médiocres et les mauvais ; il les ancrerait même dans leurs idées d'indiscipline et leurs habitudes de paresseuse ou malévole inertie si les punitions, moyen d'action non moins puissant sur eux que les récompenses sur les bons, n'étaient à la disposition des chefs pour déterminer à l'obéissance ceux qui s'y montrent rétifs.

Quand les récompenses ne sont pas attribuées aux plus méritants, elles prennent le caractère de faveurs accordées par bon plaisir. Elles ne produisent plus alors l'effet d'encouragement au bien que l'on s'est proposé d'obtenir en les instituant. Au contraire, beaucoup de ceux qui s'y croyaient des titres et en sont frustrés s'irritent ou se démoralisent ; la déception qu'ils éprouvent attiédit notablement leur zèle quand elle ne l'éteint pas tout à fait.

A mesure que l'intérêt personnel tend de plus en plus à devenir le mobile unique des actions humaines, la possibilité de récompenser devient de plus en plus indispensable à qui veut obtenir quoi que ce soit de ses auxiliaires. Il faut user de ce moyen autant qu'on le peut. Mais pour conserver aux récompenses leur efficacité, il faut en même temps les répartir aussi justement que possible et ne les donner qu'à ceux qui les ont pleinement méritées.

Il sera toujours sage de ne pas en espérer trop.

Qu'il soit lui-même le dispensateur des récompenses, ou qu'il ait seulement à faire valoir les titres de ses subordonnés, par ses notes et ses propositions, chaque chef, tout en cédant à l'impression que lui causent les actes ou services à récompenser, doit cependant tenir compte de quelques autres considérations s'il veut se maintenir dans la juste mesure et s'éclairer dans ses choix.

Ainsi, il doit s'attacher à discerner ceux qui sont capables de bien faire en toutes circonstances, même lorsqu'ils ne sont pas vus, de ceux qui ne font bien qu'autant qu'ils sont certains que leurs actes ne resteront pas ignorés, de leurs supérieurs notamment. A titres équivalents, il préférera les premiers aux seconds.

Il évitera de se laisser circonvenir et accaparer par les subordonnés trop soucieux d'attirer et de retenir son attention sur eux.

Il se gardera des engouements irréfléchis autant que des préventions injustifiées par la connaissance, qu'il s'appliquera à rendre aussi approfondie que possible, des antécédents et de la valeur de chacun de ses inférieurs.

Pour se mettre en état de bien juger du mérite à attribuer à un acte, il se fera capable de se substituer mentalement à son auteur et, d'après ce qu'il sait de ses ambitions, tendances, idées, sentiments, qualités et tempérament, s'efforcera de pénétrer les mobiles divers auxquels il peut avoir obéi en l'effectuant.

Les décisions à prendre ou les avis à exprimer relativement à l'attribution des récompenses lui seront dictés à la fois par les règles de l'équité et par la connaissance qu'il aura acquise de l'effet que doit produire la récompense sur celui à qui elle est destinée, car il est des récompenses que certains ne peuvent accepter, de même qu'il en est d'aussi redoutées des uns qu'elles sont ardemment désirées des autres.

Dans ces cas particuliers, moins rares qu'on serait tenté de le croire, s'il veut opiner ou décider à bon escient, le supérieur doit s'inspirer des observations suivantes ayant rapport aux effets que produit chaque sorte de récompenses selon la situation ou la mentalité du militaire à qui elle est attribuée.

Témoignages de satisfaction. — Ces témoignages tirent leur principale valeur de l'opinion que ceux qui les reçoivent se font de celui qui les donne. Les effets qu'ils produisent dépendent aussi du degré de sensibilité des sujets à qui ils sont adressés.

Les citadins, élevés dans le souci de l'opinion, y attachent généralement plus de prix que les ruraux, moins soumis à son influence à cause de leur vie plus solitaire.

La publicité donnée à un témoignage de satisfaction ajoute habituellement à son effet.

Les Français, dont l'amour-propre est généralement assez développé, sont plus sensibles aux éloges que la plupart des autres Européens. En faire une récompense officielle ne grevant point le budget était une idée trop heureuse pour qu'elle fût négligée de leurs gouvernants. La mettant à profit, ils ont institué les mises à l'ordre, les lettres de félicitations, les citations de toute nature, les certificats de bonne conduite et les diverses mentions honorifiques inscrites sur les livrets et les états des services des militaires.

Indépendamment des témoignages de satisfaction prévus par les règlements et accordés dans certaines conditions déterminées, on peut encore compter comme tels les égards que l'on marque, en raison de leur caractère, de leur âge, de l'ancienneté et de la qualité de leurs services, aux officiers de tous grades et aux sous-officiers de carrière que, souvent, on ne saurait récompenser autrement.

La félicitation ne flatte réellement que si elle est opportune et méritée. Pour produire tout son effet, elle doit être adressée au moment où un effort pénible vient d'être fourni, où un travail bien fait vient d'être terminé.

Il ne faut pas la prodiguer au point de la rendre banale et de lui enlever son pouvoir stimulant. Quand l'effort est léger, le travail de médiocre importance, il vaut mieux s'en abstenir afin de n'en pas déprécier la valeur.

Pour juger si une félicitation est méritée, le chef doit tenir compte de la bonne volonté déployée plus encore que de la perfection du résultat obtenu.

Des chefs d'un grade élevé ont le droit de témoigner de leur satisfaction par l'allocation de rations extraordinaires et la levée des punitions.

Le premier de ces témoignages n'a jamais qu'un faible effet sur les individus, car ce n'est pas à chacun d'eux qu'il s'adresse, mais bien à la collectivité dont ils font tous partie. Il y a lieu d'ailleurs de remarquer qu'il offre cette particularité de récompenser également des mérites toujours inégaux.

Le second reverse sur ceux qui ont failli la récompense méritée par les fidèles au devoir. Il est plus conforme aux maximes de la morale évangélique qu'aux règles d'une exacte justice distributive et aux nécessités d'une stricte discipline. Il expose celui qui en use fréquemment au reproche, parfois motivé, de rechercher la popularité plus que le maintien de la discipline.

Permissions et congés. — La permission et le congé obligent à des dépenses que beaucoup de militaires ne sont pas en état de se permettre.

Les meilleurs sujets, si méritants qu'ils soient, ne peuvent ni les demander ni les accepter lorsque les ressources pécuniaires leur manquent.

Par suite, ces autorisations d'absence perdent souvent le caractère de récompenses, qu'il serait utile qu'elles conservassent toujours, pour prendre celui de faveurs accordées à qui possède les moyens d'en user.

Il arrive même qu'elles cessent d'être des faveurs pour se transformer en obligations onéreuses imposées par l'État. C'est ce qui a lieu quand le Ministre de la guerre, pour ne pas dépenser au delà des crédits votés par le Parlement, se trouve dans la nécessité de prescrire à chaque chef de corps de réaliser, dans un délai fixé, par des envois en permission ou en congé, l'économie de plusieurs dizaines de milliers de journées de solde et d'entretien.

En pareil cas, après avoir d'abord offert et accordé des permissions à tous ceux qui en désirent, même aux plus mauvais sujets, les chefs de corps sont encore obligés de contraindre à en accepter les soldats qui n'en demandent pas, mais dont les familles ont assez d'aisance pour les recevoir, les nourrir pendant leur séjour et prendre à leur charge les frais de voyage.

Si l'on admet, puisque telle est la volonté des Ministres successifs de la guerre, que les permissions et congés sont des récompenses, on doit admettre également qu'en en faisant bénéficier les plus riches et non les plus méritants, ces dispenses temporaires du service militaire n'exercent plus sur la discipline l'influence favorable qu'ont les autres récompenses que rien n'oblige à répartir contrairement aux règles de l'équité.

Tout chef investi de la prérogative d'accorder des permissions doit considérer comme un devoir important de leur conserver, autant qu'il est en son pouvoir, ce caractère de récompenses que leur enlèvent souvent soit la pauvreté de méritants qui ne peuvent en jouir, soit des budgets trop parcimonieusement établis quant aux dépenses afférentes à l'entretien des effectifs.

Avancement. — L'avancement rémunère les preuves de capacité données par ceux des militaires qui ont charge d'instruire les autres et de leur commander.

Il rémunère aussi les présomptions de capacité qu'indiquent les résultats des épreuves subies par les soldats se préparant à remplir les fonctions des grades inférieurs.

L'avancement est le meilleur moyen de reconnaître les services et les efforts des militaires de vocation et de carrière, car il en est peu dont il ne soit la principale ambition, d'abord à cause des avantages dont il est accompagné, mais aussi parce que de l'importance des commandements auxquels ils parviendront dépendent les occasions qu'ils auront de se signaler par les éclatants services qui procurent gloire ou renommée, objectif principal de beaucoup d'entre eux.

Aux yeux des militaires par obligation, ne faisant dans l'armée que le court stage exigé par la loi, l'avancement est moins une récompense qu'une éventualité plus redoutée que désirée.

On ne saurait s'étonner, en effet, que dans un pays où les gradés sont perpétuellement en butte à des attaques aussi fréquentes que violentes et injustifiées, peu de soldats soient tentés par ce rôle de victime. C'est à peine si, chaque année, on en trouve trois ou quatre par unité pour postuler le premier grade de la hiérarchie. Les autres candidats doivent être désignés d'office par le capitaine, dont la décision obtient bien l'acquiescement résigné de quelques-uns, mais rarement celui de tous.

Une promotion qui, sans autre avantage qu'un très

minime accroissement de solde, oblige à échanger l'existence exempte de soucis du simple soldat contre l'agitation et les inquiétudes de la vie de gradé, n'est donc pas attendue avec impatience par ces candidats malgré eux, dont certains commettent parfois des fautes graves dans le seul but d'y échapper.

Si les galons de caporal sont accueillis sans joie par nombre de ceux à qui il y a nécessité de les donner, le galon de soldat de 1re classe ne tente pas davantage les bons sujets depuis qu'il ne confère plus la moindre augmentation de solde. Celui qui le reçoit, devenant ainsi le suppléant désigné du caporal, estime décevante une récompense qui ne lui vaut que des responsabilités et les punitions disciplinaires qui en sont une conséquence à peu près inévitable.

L'avancement au choix des militaires de carrière aide puissamment au maintien de la discipline s'il est mérité. Lorsqu'il ne l'est pas, il produit l'effet contraire.

L'avancement imposé, par nécessité, à des gens qu'effrayent les responsabilités inhérentes à l'exercice d'un commandement, n'influe pas plus heureusement sur le maintien de la discipline que l'avancement immérité.

Mieux vaut donc, s'il le faut, recruter les cadres inférieurs parmi des sujets moins lettrés, mais de bonne volonté, que parmi ceux plus instruits qui manquent de la volonté et de la fermeté indispensables pour bien commander.

Décorations. — Les décorations décernées aux militaires pour de bons et longs services, ou pour des services plus courts mais exceptionnellement remarquables ou éclatants (Légion d'honneur et Médaille militaire), ou pour participation aux fatigues, privations et dangers d'une expédition (Médailles commémoratives de campagnes de guerre), ont, sur les autres récompenses en usage dans l'armée, cet avantage d'être accessibles à tous et d'être également appréciées de tous.

Alors que les uns se montrent indifférents ou peu sensibles aux félicitations, que la pauvreté d'un certain nombre d'autres leur interdit de profiter des permissions offertes, que l'avancement paraît peu désirable à ceux qui redoutent les charges et les tracas du commandement, il n'est pas de militaire qui ne soit flatté de recevoir une décoration et de la porter comme témoignage permanent des bons services qu'il a rendus.

Les conditions que sont tenus de remplir les candidats à ces récompenses sont telles d'ailleurs que si, par exception, elles ne sont pas attribuées aux plus méritants, elles le sont toujours à des méritants.

Si certaines décorations sont dépréciées pour être trop libéralement accordées aux civils, la sobriété avec laquelle sont réparties celles, en nombre limité, qui sont réservées aux militaires, ajoute sensiblement au prix que ceux-ci y attachent.

Comme ils doivent avoir mérité la Légion d'honneur et la Médaille militaire longtemps avant de les obtenir, et que le relâchement ou l'inconduite pourrait faire ajourner indéfiniment leur candidature, il est incontestable que l'institution de ces distinctions exerce sur la discipline la plus salutaire influence, et contribue notablement à maintenir dans le devoir non seulement ceux qui y prétendent, mais encore ceux qui les ont obtenues, car la plupart de ces derniers s'inspirent de l'ancienne et chevaleresque devise : « Noblesse oblige ».

III. — Punitions.

Si les récompenses sont indispensables pour encourager et stimuler les hommes de bonne volonté, les punitions ne le sont pas moins pour contraindre à l'accomplissement du devoir, par la perspective d'un châtiment plus pénible que le devoir lui-même, les paresseux, les négligents, les inertes, les peureux, mais surtout les pervers qui ne prennent leur part des charges communes qu'autant qu'on les y oblige par des moyens de rigueur.

Selon le degré de gravité que présentent les abstentions, omissions, gestes, ou actes répréhensibles, ils prennent, dans l'échelle des fautes, une des qualifications suivantes : manquements au devoir militaire, fautes contre la discipline, délits ou crimes.

Tandis que les auteurs de crimes ou de délits sont justiciables des tribunaux militaires ou civils et encourent les pénalités prévues par le Code de justice militaire ou le Code pénal ordinaire, les coupables de manquements au devoir et de fautes contre la discipline sont passibles de punitions spéciales aux militaires, énumérées et définies dans le Règlement sur le service intérieur des corps de troupe.

Ces punitions, la plupart légères, sont infligées par les chefs militaires investis du droit de punir, soit de leur propre mouvement s'ils ont eux-mêmes constaté les fautes commises, soit sur la demande des subordonnés ayant fait cette constatation, lorsque ceux-ci n'ont pas qualité pour prononcer les punitions.

La promptitude de la répression ajoute à l'effet moralisateur ou correctif ou simplement intimidant qu'elle produit, tant sur les témoins de la faute que sur le coupable lui-même.

C'est probablement pour cette raison que le droit de punir a été longtemps reconnu à tous les gradés.

Dans le but déclaré de mettre le système de répression des fautes contre la discipline « en harmonie avec l'évolution générale des idées sur le caractère des sanctions disciplinaires », mais peut-être aussi pour donner satisfaction aux « intellectuels » n'ayant pu se soustraire au service militaire, lesquels se sentent profondément humiliés d'être punis par des gradés auxquels ils assignent un rang social très inférieur au leur, le droit de punir vient d'être retiré aux officiers qui ne sont ni commandants d'unité, ni chefs de service ou de détachement, ainsi qu'à tous les sous-officiers et caporaux. On ne laisse plus à ces divers gradés que l'obligation de signaler les fautes commises et de demander la punition de leurs auteurs.

La punition est alors prononcée par un des chefs directs du militaire en faute, c'est-à-dire, selon le cas, par le commandant d'unité, le commandant de groupe, le chef de corps ou de service, le commandant d'armes, un quelconque des généraux ayant sous son commandement la troupe à laquelle appartient le coupable.

En restreignant ainsi le nombre des gradés ayant pouvoir de punir, en ne déléguant plus ce pouvoir qu'à un nombre limité de chefs déjà élevés dans la hiérarchie, il semble hors de doute qu'on s'est proposé d'atteindre à plus de mesure dans la répression en ne la confiant qu'à des officiers dont l'âge et l'expérience garantissent la sûreté et la pondération du jugement.

En ne remettant le droit de prononcer la punition qu'aux chefs directs du militaire à punir, on s'est donné la certitude que la sentence sera plus éclairée puisqu'elle sera rendue par une autorité connaissant ou ayant les moyens de connaître les antécédents du coupable et ne pouvant se dispenser d'en tenir compte en prenant sa décision.

Il est donc de bons arguments pour justifier les restrictions apportées au droit de punir, ce qui ne signifie nullement qu'il en manquerait pour les combattre. Malgré que leur adoption fût prévue, il paraît probable que, de longtemps, ces restrictions n'auront d'effet marqué ni sur la fréquence des punitions, ni sur l'assiette de la discipline.

En effet, parmi les gradés à qui le droit de punir vient d'être retiré, combien, par faiblesse, n'en usaient jamais ou n'en usaient que le plus rarement possible ! Quant aux autres pour qui punir était un devoir en même temps qu'un droit, il en était relativement peu qui méritassent le reproche d'en user sans modération.

Les gradés qui ne punissaient point ne demanderont pas plus de punitions qu'ils n'en infligeaient naguère. Ceux qui punissaient n'hésiteront pas plus à demander une punition qu'ils n'hésitaient à la prononcer euxmêmes lorsqu'ils en avaient le droit.

Si l'effet de ce retrait du droit de punir ne semble pas d'abord très sensible, il ne s'ensuit pas que « l'évolution générale des idées en matière de sanctions disciplinaires », déjà invoquée pour le motiver, ne puisse avoir plus tard pour conséquence de rendre anodine jusqu'à l'inefficacité la répression des fautes contre la discipline.

Il est à craindre que punir, qui est un devoir pénible, ne paraisse dorénavant plus pénible aux moins nombreuses autorités qui ont maintenant à prononcer toutes les punitions, car elles ont en même temps à prendre sur elles ce que la répression présente toujours d'odieux au jugement des masses composées d'individus se sentant tous faillibles.

Or, ne pas réprimer les fautes, ne le faire que rarement et mollement, ont des conséquences beaucoup plus fâcheuses que de punir sans rémission mais justement.

Dans ce dernier cas, l'habitude de la punition peut bien en amortir l'effet, mais non le supprimer. L'appréhension de s'exposer au châtiment en se mettant de nouveau en faute, peut bien devenir moindre, elle subsiste pourtant, si atténuée qu'elle soit.

Mais ne pas réprimer, c'est ruiner la discipline, car rien ne multiplie les infractions plus que l'impunité.

Le chef qui punit avec excès émousse son arme par

l'usage trop fréquent qu'il en fait ; celui qui ne punit point se désarme et abdique ainsi toute autorité.

Rien n'est plus efficace que la punition pour obliger celui qui a manqué à ses devoirs à rentrer en soi-même et à prendre conscience de ses torts, qu'il consente ou se refuse à en convenir. Elle l'amène par la piqûre d'amour-propre qu'il ressent ou la privation de liberté dont il souffre, à la résolution de ne pas retomber dans la faute qui l'a fait punir.

Certains chefs ne punissent guère et en donnent pour raison qu'ils veulent se faire aimer, afin d'obtenir par l'affection la soumission que d'autres obtiennent par la crainte.

Ils s'illusionnent : « Notre ennemi, c'est notre maître » est la formule qui, plus que jamais, résume les véritables dispositions du subordonné à l'égard de celui qui le commande. La personne d'un chef peut d'ailleurs être aimée sans que son autorité participe le moins du monde à ce sentiment. Pour s'en convaincre, que chacun s'interroge et se demande quels mouvements provoque en lui les ordres inopinés qui viennent le déranger, même quand ils émanent d'un supérieur sympathique et respecté.

Qu'on le sache bien : l'homme n'aime jamais l'autorité qu'il subit. Mais il peut préférer l'autorité d'un chef à celle d'un autre, et c'est en ce sens qu'il faut comprendre ceux qui disent aimer la façon de commander d'un supérieur ; en réalité, ils ne font que la supporter plus aisément que celle de tel autre que, par comparaison, ils trouvent détestable.

Que nul ne se leurre donc de l'illusion que l'autorité qu'il exerce peut être aimée et respectée, parce qu'il se montre bienveillant et indulgent à l'excès. On observe plutôt que moins un chef est habituellement exigeant et plus ses subordonnés sont révoltés par les exigences accidentelles qu'il ne peut se dispenser de leur imposer. La sévérité de Louis XIV n'a pas lassé la longue soumission de ses sujets; la débonnaireté de Louis XVI a encouragé les siens à se révolter et à le détrôner.

Il n'est pas dans la nature de l'homme de supporter patiemment ce qui le gêne et le contraint. Aux plus disciplinés, l'autorité du chef inspire toujours de l'inquiétude; aux autres elle inspire souvent de l'aversion. Quand, d'aventure, il n'en est pas ainsi, on peut affirmer presque à coup sûr qu'elle est réduite à n'être plus qu'une apparence vaine. On ne l'a plus alors en exécration; on la supporte dédaigneusement; on a pour son détenteur illusoire les mêmes sentiments que les grenouilles de la fable pour le soliveau que Jupiter leur avait envoyé comme roi.

Le gradé consciencieux, à qui répugne ce rôle de soliveau, doit se faire à l'idée qu'il sera infailliblement considéré par ses subordonnés sinon comme un ennemi personnel, du moins comme un ennemi de leur repos; il doit en même temps prendre la ferme résolution de les admonester ou de les punir ou faire punir lorsqu'ils se seront mis en faute, car la remontrance et la punition sont les seuls moyens dont il puisse se servir pour les contraindre à faire ce qu'ils doivent.

Dans l'armée, de même que dans la famille, à l'école et partout, des punitions sont quelquefois imméritées ou trop sévères. Plus généralement, elles sont méritées, proportionnées aux fautes commises et à l'habituelle manière d'être de leurs auteurs.

Comme partout aussi, les militaires punis, même quand ils l'ont été avec indulgence, abusent de la faculté reconnue à chacun de maudire les juges qui l'ont condamné; ils ne se font pas faute d'essayer de soulever l'opinion contre leurs chefs.

En des temps où l'antimilitarisme est devenu une carrière, les plaintes de ces mécontents sont recherchées, accueillies, provoquées, encouragées, amplifiées, dénaturées, afin de servir de thèmes aux attaques dirigées contre l'armée et plus spécialement contre les gradés qui en sont l'ossature.

Ces attaques répétées ne sont pas sans effet sur ceux qui en sont l'objet. Nombre d'entre eux, oubliant qu'ils ont charge de punir quand il y a faute, font de leur droit un usage trop timide ; il en est même qui cessent presque complètement de l'exercer.

S'il faut se garder des punitions injustes ou trop sévères, lesquelles poussent à la révolte plus qu'à la soumission, il ne faut pas moins se garder de cette faiblesse dans la répression qui est une cause infaillible d'indiscipline.

Sans méconnaître leur devoir ni porter atteinte à leur autorité, les chefs militaires peuvent se montrer largement indulgents dans la répression des petites infractions, de celles qui ont le caractère d'une légèreté, d'une étourderie, d'une ignorance, d'une maladresse, d'un oubli, plus que celui d'un acte réfléchi et prémédité de désobéissance ou de mauvais vouloir. Par contre, ils seraient impardonnables s'ils fermaient les yeux sur les fautes graves.

Dans ce dernier cas, leur bienveillance ne doit se manifester que par la recherche des circonstances atténuantes et la modération du châtiment, jamais par une impunité qui serait coupable et compromettrait irrémédiablement leur autorité.

Le supérieur bienveillant a d'ailleurs un meilleur moyen que ce manquement à son devoir pour témoigner de sa sollicitude à l'égard de ses subordonnés : c'est de s'appliquer à prévenir, par des avis ou des avertissements opportuns, celles de leurs fautes qui peuvent être prévenues.

Cela l'obligera sans doute à se montrer plus préoccupé des dispositions journalières de ses inférieurs, plus attentifs à leurs actes, à être plus vigilant et prévoyant, en un mot, à se donner plus de peine, mais la discipline et son autorité n'y perdront rien.

Avant de prononcer une punition, lorsqu'il s'agit d'en déterminer la nature et d'en fixer la durée, il convient de se retracer rapidement le portrait mental du subordonné ayant à la subir, afin de juger quelle est celle qui, tout en restant proportionnée à sa faute, est la plus apte à produire sur lui l'effet de résipiscence auquel il faut toujours viser en punissant.

En général, les militaires sont d'autant plus sensibles aux punitions qu'ils en ont moins subies et qu'ils occupent dans la hiérarchie un rang plus élevé. Il y a donc obligation, pour les supérieurs qui les infligent, de s'inspirer de ces considérations avant d'arrêter leurs décisions.

Le blâme, l'avertissement, la réprimande produisent des effets très différents selon le caractère et les sentiments de ceux qui les reçoivent : les uns s'en affectent, les autres s'en moquent. Pour ces derniers, une telle punition est dérisoire et n'atteint pas son but.

Il n'en est pas de même de la privation de liberté (consigne ou arrêts simples), ni de la détention dans un local disciplinaire (salle de police, prison, cellule, arrêts de rigueur) : leur effet afflictif reste toujours certain, si atténué qu'il puisse être par sa fréquence, car s'il est vrai que l'accoutumance fait paraître ces punitions plus supportables à ceux qui se les attirent souvent, elle ne va pas jusqu'à leur enlever ce qu'elles ont incontestablement de pénible.

Privation de liberté et détention dans un local disciplinaire ont pourtant leur inconvénient : celui d'être moins efficace en campagne qu'en temps de paix, alors qu'il serait désirable qu'elles le devinssent davantage.

Ainsi, il n'est pas douteux que la consigne et les arrêts simples privent peu ceux qui ont à les subir les jours où la troupe dont ils font partie est bivouaquée.

Dans le même cas, faire bivouaquer avec la garde de police et sous la surveillance de ses sentinelles les militaires punis de salle de police ou de prison, au lieu de les laisser bivouaquer avec leur unité, ne peut non plus être considéré comme un traitement bien rigoureux.

La différence de liberté et de bien-être entre le militaire puni et celui qui ne l'est pas étant moindre alors qu'en garnison ou en cantonnement, il s'en suit que l'effet de la punition est moindre aussi. Néanmoins il n'est pas supprimé ainsi que le prétendent volontiers certains gradés toujours à l'affût d'un prétexte pour se dispenser du devoir pénible de réprimer et de sévir. Pour être moins sensible, l'effet du châtiment sur le coupable n'en subsiste pas moins et ne cesse pas d'être réel.

Quand l'auteur d'une infraction ne leur est pas connu, nombre de supérieurs ne se résignent pas à cet aveu d'impuissance qu'est toujours le défaut de répression d'un acte délictueux.

Dans ce cas, pour que leur autorité ne soit pas tenue en échec par des coupables habiles à se dissimuler, ils instituent des responsables qu'ils punissent par provision en attendant que les véritables infracteurs soient découverts ou viennent eux-mêmes se dénoncer, afin de ne pas laisser punir des innocents.

Si les contrevenants restent introuvables, fait malheureusement trop fréquent, les punitions des responsables deviennent définitives, malgré qu'elles ne soient pas toujours très justifiées.

Punir dans de telles conditions est dangereux, surtout

quand les responsables ne peuvent être qu'assez arbitrairement désignés et sont aussi impuissants que le chef qui les désigne à empêcher que des infractions soient commises.

Si donc il n'est pas indispensable de recourir à ce moyen, tant pour parvenir à découvrir les coupables que pour les intimider et les empêcher de récidiver, mieux vaut s'abstenir et laisser quelque temps une faute impunie que de s'exposer à rendre indiscipliné le militaire qui aurait été puni sans en être ni l'auteur ni le complice, mais simplement parce que, en désespoir de trouver le coupable, on aurait jugé utile d'en attribuer la responsabilité à celui qui, d'après certains indices, semblerait avoir pu la commettre ou l'empêcher d'être commise.

Il est à remarquer, en effet, que l'homme puni injustement se venge d'ordinaire en commettant délibérément — mais clandestinement — fautes sur fautes, jusqu'à ce qu'il s'estime dédommagé, par assez d'impunité, de la punition subie sans avoir été méritée.

Punir un gradé parce que, par insouciance, défaut de surveillance, faiblesse, il a laissé des subordonnés manquer à certains de leurs devoirs, et épargner les auteurs de ces manquements alors qu'ils sont au moins aussi coupables que lui, est également une pratique qui, pour être courante, n'en est pas moins condamnable.

Pourquoi donc, si le gradé encourt la responsabilité de son incurie, le soldat qui, sachant ce qu'il avait à faire ne l'a cependant pas fait, n'encourrait-il pas celle de sa paresse et de sa désobéissance ?

Aussi peu fondée en équité qu'en logique, cette pratique de frapper le gradé seul, adoptée par beaucoup de chefs du plus haut rang dont elle simplifie singulièrement la besogne, s'est généralisée peu à peu dans l'armée. Elle y est acceptée maintenant, sans examen, à titre de coutume dont la légitimité semble suffisamment garantie par le caractère traditionnel qu'elle y a pris.

Ceux qui en usent habituellement en apprécient hautement les avantages; ils ne commencent à la soupçonner mal fondée que le jour où il leur en est fait à eux-mêmes la désagréable application.

Punir un gradé subalterne, non parce que coupable, mais parce que responsable, épargner par contre des soldats dont la culpabilité ne fait pas de doute, est un procédé qui ne peut être défendu qu'en interprétant judaïquement les dispositions réglementaires relatives à la responsabilité des gradés.

Ces dispositions établissent le principe que chaque gradé est responsable envers son chef immédiat de l'instruction, de la tenue ou de la discipline de la fraction ou de l'unité qu'il commande, ce qui ne signifie nullement, ainsi que d'aucuns l'affirment pour se justifier de le faire, que ledit gradé peut être puni chaque fois qu'il est constaté qu'un des hommes de cette fraction ou unité se montre ignorant, mal tenu ou indiscipliné.

Faire sienne une pareille interprétation, c'est suspendre l'épée de Damoclès au-dessus de la tête de chaque gradé subordonné; c'est le condamner, si dévoué et vigilant qu'il soit, à être, à tous les instants de la durée de son service dans l'armée, sous la menace perpétuelle d'une punition possible, car il n'est pas de troupe où l'on ne puisse relever journellement de légères fautes et en faire retomber la responsabilité sur les gradés.

Logiquement pour le supérieur décidé à l'entendre de cette façon, la responsabilité disciplinaire d'un fait répréhensible devrait toujours incomber à celui de ses subordonnés immédiats qui a sous ses ordres l'auteur du fait.

' Pratiquement, les choses se passent d'une tout autre façon, car c'est le supérieur, s'érigeant en juge du fait, qui choisit lui même le responsable, et, s'il est d'un grade élevé, son choix se porte tantôt sur un infime chef d'escouade, tantôt sur un chef de section ou un commandant d'unité, parfois même sur un commandant de groupe ou un chef de corps. Il se détermine d'après ses impressions ou dispositions du moment, quand ce n'est pas d'après ses sentiments à l'égard des gradés compris dans la série de ceux parmi lesquels il peut désigner arbitrairement le responsable.

Il est pourtant des supérieurs plus systématiques qui, afin de ne pas s'exposer à l'accusation de faire acception de personnes, font toujours porter la responsabilité disciplinaire d'un même fait sur le chef du même groupe hiérarchique.

Sans être exempte d'arbitraire, cette manière de faire est moins critiquable, mais elle offre un inconvénient capital, car là où elle est adoptée, il suffit qu'un mauvais sujet veuille attirer une admonestation ou toute autre punition à celui de ses supérieurs qu'il sait devoir porter la responsabilité d'une faute dont un inférieur se sera rendu coupable, pour qu'il commette délibérément cette faute, dès qu'il est certain qu'elle sera constatée par le chef plus élevé, dont il préjuge ainsi la décision.

Enquêter sans cesse afin de déterminer la part de responsabilité de chacun dans une infraction où chef et subordonnés peuvent être mis en cause, est chose peu agréable et rarement suivie de résultat. Toutefois, les difficultés d'une pareille tâche n'excusent nullement ceux qui, pour s'en épargner la peine, attribuent toujours toute la responsabilité au gradé et exonèrent de tout châtiment les soldats qui ont le plus de part à la faute.

Depuis d'ailleurs que des journalistes, souvent malintentionnés, s'arrogent le droit d'exercer sur les choses militaires ce qu'ils appellent le contrôle de l'opinion, frapper un gradé, même innocent, et ménager des soldats toujours coupables, est un acte auquel le public applaudit presque infailliblement et qui vaut l'appui de l'opinion au chef militaire qui ne se fait pas scrupule de se le permettre.

Il n'y a pas à se leurrer de l'espoir que les gens habitués à ne tenir compte que de leur intérêt renonceront à cette pratique parce qu'on leur aura signalé ce qu'elle a de vicieux et de mal-fondé. Mais il n'est pas interdit d'attendre mieux des hommes à conscience droite qui sont encore en nombre dans l'armée.

A côté des punitions d'usage fréquent, journalier, au sujet desquelles il était nécessaire d'entrer dans quelques développements, à cause de l'influence constante et prépondérante qu'elles ont sur le maintien de la discipline, il est des punitions exceptionnelles dont il suffira de dire quelques mots, car elles ne diffèrent point par essence des autres punitions, mais seulement par la procédure plus compliquée dont leur infliction est précédée et par le caractère de permanence ou de gravité que revêtent leurs conséquences.

L'envoi aux sections spéciales (par lesquelles on a remplacé les anciennes compagnies de discipline) est peut-être moins une punition pour les soldats qui en sont l'objet qu'une mesure de préservation prise dans l'intérêt de la discipline, pour ne pas laisser indéfiniment les autres soldats exposés à la contagion des mauvais exemples.

Cet internement dans les corps disciplinaires n'est ordonné, dans la plupart des cas, qu'après constatation de l'incorrigibilité des indisciplinés, des simulateurs ou mutilés volontaires cherchant par tous les moyens à échapper aux obligations et aux fatigues du service. Il ne semble pas qu'il ait grande vertu préventive, car il n'est pas rare de rencontrer, dans le contingent que reçoit annuellement chaque régiment, un ou plusieurs jeunes soldats se déclarant, dès leur arrivée au corps, candidats à cette singulière distinction.

La perte, temporaire ou définitive, de l'emploi ou du grade (suspension de commission, non-activité, rétrogradation, cassation, révocation, réforme, mise à la retraite d'office) prévient d'autant plus efficacement les manquements au devoir et les fautes graves contre la discipline que sont plus sérieux les avantages attachés à l'emploi.

Les soldats de première classe et ceux pourvus d'un emploi spécial, lorsqu'ils ne sont ni rengagés ni commissionnés, jouissent d'avantages tellement minimes que la perspective de les perdre est rarement suffisante pour les fortifier contre les tentations. Mais si, déjà rengagés ou commissionnés, ils aspirent à une pension de retraite, la pensée que les infractions qu'ils pourraient commettre leur ferait perdre le fruit des années de service déjà accomplies est pour eux un frein très puissant.

Parmi les caporaux, bon nombre qui n'ont ni goût ni aptitude pour le commandement et à qui, faute de candidats de bonne volonté, le grade a été en quelque sorte imposé, en estiment les charges mal compensées par les avantages, et ne tiennent que fort peu à le conserver. Le perdre est une éventualité qui ne les retient guère ; elle sourit même à quelques-uns, qui commettent tout exprès des fautes graves dans le seul but de se faire casser.

Les sous-officiers sont assez bien traités pour tenir à leur position et appréhender de la perdre. Et, comme elle est une carrière pour le plus grand nombre d'entre eux, il ne leur en coûte pas de rester soumis à des règles dont ils sont amenés, par l'exercice même de leur fonction, à reconnaître chaque jour la sagesse et la nécessité.

Les dispositions des officiers ne sont pas différentes de celles des sous-officiers; elles sont seulement plus raisonnées et surtout plus affermies, ce qui ne saurait surprendre, puisque tous sont militaires de carrière, qu'ils sont plus éclairés et qu'ils jouissent d'avantages plus grands. Le relâchement et l'indiscipline ne sont à craindre, chez un très petit nombre, qu'à partir du moment où, toute ambition leur étant interdite, des droits à la pension de retraite leur sont déjà acquis.

Enfin, les condamnations qu'encourent les militaires coupables de faits qualifiés délits ou crimes, si elles ne suffisent pas pour prévenir tous ces faits, sont cependant efficaces pour en prévenir un grand nombre. La preuve a été des milliers de fois fournie que les délits et les crimes se multiplient immédiatement dès que la répression en faiblit ou en cesse.

On aura beau déplorer que la soumission à n'importe quelle règle sociale ne puisse être obtenue que grâce à la crainte qu'inspirent les moyens de contrainte dont l'autorité est armée, cela ne disposera pas davantage les hommes à se laisser conduire par la persuasion seule. Tant qu'ils n'auront pas été rendus parfaits, l'autorité reconnue aux uns sur les autres n'aura son exercice assuré que si les premiers peuvent, chaque fois qu'il est besoin, recourir à l'emploi des moyens de rigueur, l'*ultima ratio* universelle.

L'histoire de l'humanité n'est autre chose que le récit des luttes perpétuellement engagées entre des possédants, désireux de conserver ce qu'ils ont, et des non-possédants avides de s'emparer de ce qu'ont les autres.

La possession de l'autorité est l'objet d'autant de convoitises que celle de tout autre bien puisqu'elle est au jugement du vulgaire le moyen le plus sûr de se procurer les biens dont on manque. Si ceux qui la détiennent sont résolus à la conserver, il faut donc qu'ils la défendent énergiquement contre les attaques incessantes de ceux qui veulent les en déposséder ou, tout au moins, leur en rendre impossible l'exercice sur eux.

TABLE DES MATIÈRES

Pages.

Avant-propos.. 1

Chapitre I. — **L'autorité**............................... 3

    I. Ses sources.. 3
    II. Ses appuis... 7
    III. Ses composantes................................. 9
    IV. Notions à en donner........................... 13
    V. Contrôle de ses actes........................... 15

Chapitre II. — **Qualités de commandement**.......... 19

    I. Volonté... 20
    II. Jugement.. 28
    III. Fermeté.. 32
    IV. Justice... 36
    V. Prévoyance....................................... 41
    VI. Esprit d'initiative.............................. 42
    VII. Courage des responsabilités................. 45
    VIII. Possession de soi-même...................... 47
    IX. Sollicitude à l'égard des subordonnés....... 50

Chapitre III. — **La subordination**................... 53

    I. Sa corrélation avec l'autorité.................. 53
    II. La répugnance actuelle à la soumission...... 54
    III. Moyens d'obtenir l'obéissance............... 56

Chapitre IV. — **Qualités de subordination**.......... 69

    I. Docilité... 70
    II. Humilité et modestie........................... 72
    III. Sentiment du devoir ou de l'honneur........ 74
    IV. Abnégation et patriotisme.................... 78
    V. Moralité.. 81
    VI. Tempérance..................................... 83
    VII. Esprit de corps................................ 84

                                                                 Pages.

CHAPITRE V. — **Établissement de la discipline**............   87

    I. Ce qu'elle doit être.............................   87
    II. Ses principes fondamentaux......................   89
    III. Enseignement de ses règles....................   91
    IV. Éducation militaire des soldats................   93
    V. Marques extérieures de respect..................   98
    VI. Les sanctions.................................. 100

CHAPITRE VI. — **Maintien de la discipline**............... 101

    I. Nécessité des sanctions disciplinaires.......... 101
    II. Récompenses.................................... 103
    III. Punitions..................................... 111

Paris. — Imprimerie R. CHAPELOT et Cⁱᵉ, 2, rue Christine.